ダルバートとネパール料理

本田 遼

KOSO

はじめに

僕はもともとしがない和食の料理人でした。

まかないにスパイスを使い始めたのがきっかけでカレーづくりにハマり、そのうち、和食店に勤めながら、友達が以前働いていたネパール料理店で週に１回働くようになりました。すこしして、「ネパール料理をやるなら一度はネパールに行っておかないとな」と思って、初めてネパールに行ったのが 23 歳のとき。

カトマンドゥ到着は夜中で、店ももう開いてなかったので、とりあえずビールだけ飲んでその日は寝ました。翌日の早朝から参加したトレッキングツアーのポカラ行きの道中で、初めて食べたネパール料理がダルバートでした。いまではカトマンドゥ－ポカラ間の長距離バスのお昼ごはんというとレストランのビュッフェに連れて行かれることがほとんどですが、その当時は街の食堂やレストランに突然下ろされて、そこで食事をとることが多かったのです。

ひとくち食べた瞬間に、しびれました。いままでアジアやヨーロッパ、アフリカなどのいろいろな国をバックパックを背負って旅してきましたが、こんなにも自分の体にしみこむようにすっと入ってくる料理は初めてだったのです。それからトレッキングが終わるまでの間は、トレッキングガイドに頼み込んでおいしい食堂に片っ端から案内してもらい、ダルバートをはじめとするさまざまな料理をひたすら食べました。

日本に帰ってすぐにネパール語を習い始め、３ヶ月後にはまたネパールに行きました。そして今度は３ヶ月間滞在し、ホームステイ先の台所、料理学校、レストランや食堂などでいろいろな料理を習いました。

ふたたび日本に帰ってからは、和食店は退職してネパール料理店で働くことにしました。以来、年に１～２回、数ヶ月間はネパールに行き、現地の食文化を学び続けています。その間、大阪で 2015 年には「ダルバート食堂」というダルバート専門のネパール料理店を、2018 年には「スパイス堂」というネパール産とインド産スパイスの販売店兼スパイスカレー店を始めました。この本が出る頃には東京に「OLD NEPAL TOKYO」というモダンスタイルのネパール料理店をオープンします。

ネパール料理はインド料理やスパイスカレーにくらべると使うスパイスの量がかなり少なく、ほとんどの料理はターメリック、クミン、チリ、フェヌグリークの４種のスパイスのうち、いくつかを組み合わせてつくるというシンプルな味つけです。素材の味を引き立てて生かすところは和食と通じるものがあり、そのやさしい味わいは日本人にも親しみやすいように思います。この本を通じてたくさんの方々がネパール料理のおいしさに開眼してくださることを願っています。

2020 年 6 月　本田 遼

ネパール料理とは

多民族国家ネパールの食

ネパールは中国チベット自治区とインドにはさまれた細長い国です。北側の国境沿いには世界最高峰エベレストを擁するヒマラヤ山岳地帯が広がっています。面積は北海道の約1.8倍のおよそ14万7000㎢。そこに100以上の民族が暮らしていると言われています。共通言語はネパール語ですが、民族ごとに異なる言語と文化を持ち、古来より民族間の交易はあったものの、いまでもそれぞれが独自の文化を受け継いでいます。
よって、食文化も民族によってさまざま。全土に共通する料理はダルバートとモモくらいです。ダルバートにしても、構成要素は共通しているものの調理法は地域によってそれぞれの特色があったり、モモのタレのアチャールの味つけも地方によって異なります。

ネワール族とタカリ族の食文化

僕がいままで学んできたネパール料理は、首都のカトマンドゥにもともと王国を築いていたネワール族のものと、観光地として人気のポカラ周辺に住むタカリ族のものが主です。いずれもネパールの食文化を代表する民族で、ほかの民族からもあの人たちの料理はおいしいと認識されています。
この本ではネワール族やタカリ族の料理を中心に、山岳地帯のシェルパ族などのチベット系民族や東部に住むライ族やリンブー族などの料理を一部取り混ぜてご紹介します。

カナとカジャ

1章をダルバート、2章をカジャとしていますが、これはネパールの食文化の区分にのっとっています。ネパールでは白いご飯とともにとる食事と、それ以外の食事をくっきりと分けています。
白いご飯とともにとる食事のことは「カナ（खाना/khana）」といい、食事をとったかどうか聞くときは「カナ食べた？」などと言います。日本語の「ごはん」という言葉と同じような使われ方です。カナは1日に2回で、1回目はだいたい10～13時くらい、2回目は20時くらいが平均的です。カナのときに食べる料理がダルバートです。「カナ食べた？」とは聞いても「ダルバート食べた？」とは不思議と言いません。そして、カナ以外の食べものをすべてまとめて「カジャ（खाजा/khaja）」と呼びます。

ネパールの食事スケジュール

ネパール人の食事のとり方は日本や欧米の3食とは異なります。朝はお茶のみかお茶と軽食ですませ、1回目の食事（ダルバート）は早い人なら午前10時、遅い人は13時くらいにとります。2回目の食事は夜20時前後。1回目と2回目のダルバートの間にはカジャを食べます。麺類やモモ、チャーハンなど量の多いカジャを1回のみ食べる人もいますし、軽めのものを数回とる人もいます。食べる時間も人によってばらばらですが、1回目のダルバートを食べてから3～4時間後の小腹がすいた頃に食べる人が多いようです。

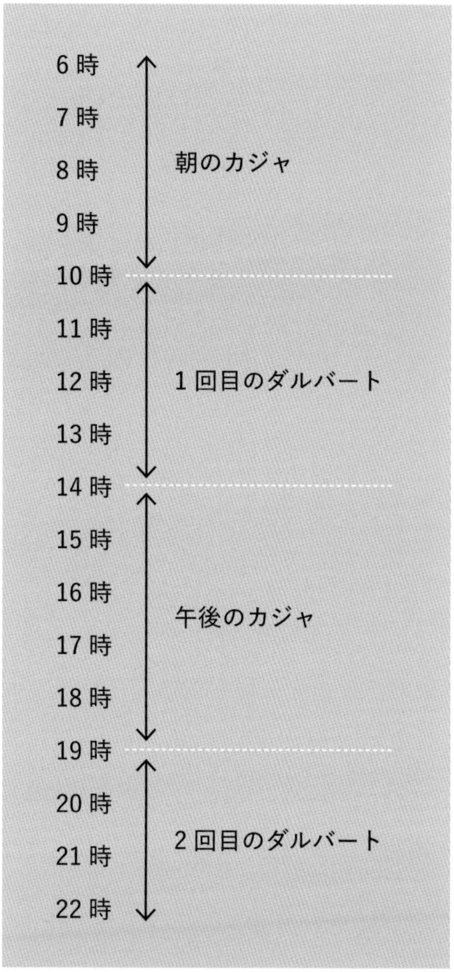

f
a
e
b
c
d

ネパール料理 基本のスパイス

a methi ko dana
मेथीको दाना
フェヌグリークシード

b khursani ko dhulo
खुर्सानीको धूलो
チリパウダー

c besar ko dhulo
बेसारको धूलो
ターメリックパウダー

d jira ko dhulo
जीराको धूलो
クミンパウダー

e dhaniya ko dhulo
धनियाको धूलो
コリアンダーパウダー

f jeera ko dana
जीराको दाना
クミンシード

ネパール料理でもっともよく使うスパイスはターメリックパウダー、クミンパウダー、チリパウダー、フェヌグリークシードの４種です。
ターメリックはどんな料理にもだいたい入っている土台の役割。ネパール産は華やかで土の香りがします。クミンは力強さをだすのに使いますが、きかせすぎるとネパール料理っぽさがなくなります。ほどよいバランスはターメリック３に対して２くらいの割合です。また、この本で使うチリパウダーはカイエンペッパーの名でも流通する、乾燥赤唐辛子のみをパウダーにしたもの。辛みと旨みを加えるスパイスで、辛いものを好むネワール族は特に肉料理にはしっかりときかせます。フェヌグリークはほぼすべてのタルカリのスターターに使うほか、アチャールのテンパリングにも用います。クミンシードはサーグのスタータースパイスやじゃがいも料理によく使います。コリアンダーパウダーは肉のタルカリに加えてすっきりとした優雅な香りを添えます。
なお、この本ではネパール産のスパイスを使っています。インド産よりも挽きが粗く、同じ大さじ１でも重量が異なります。また、インド産の質のいいスパイスはシャープでとがった香りがありますが、ネパール産はより力強い香りがあり、風味が異なります。より本場に近い味わいにするためにはネパール産を使ってみてください。sunyaのオンラインショップでも取り扱っています（P.128）。

こちらはネパールの家庭でよく見かけるスパイスボックス。家庭料理は特に使うスパイスの種類が少ないため、中央のポットにはフェヌグリークシードを入れ、まわりの６個のポットにはターメリックパウダー、クミンパウダー、チリパウダーの３種をポット２個ずつ使っておさめているのをよく見ます。

ネパールならではの素材

a gundruk
गुन्द्रुक
グンドゥルック

b timur
टिमुर
ティムル

c sil timur
सिलटिमुर
シルティムル

d jimbu
जिम्बु
ジンブー

ティムルは英語ではティムットペッパー。ヒマラヤ山岳地帯でとれるネパールの山椒です。山椒らしい刺激と柑橘の香り高さをあわせもちます。シルティムルは台湾の馬告（マーガオ）の仲間でコショウ科。レモンを思わせるすっきりとした香りが特徴です。グンドゥルックは無塩発酵させた青菜を乾物にしたもの。ジンブーは行者ニンニクの一種で、主に乾燥させたものが使われています。テンパリングするとネギ科らしいこうばしい香りが立ちます。

よく使われるホールスパイス

a tori
तोरी
ブラウンマスタードシード

b tej pat
तेजपात
シナモンリーフ

c khursani
खुर्सानी
赤唐辛子

ブラウンマスタードシードは、ネパール料理に欠かせないマスタードオイル「トリコテール」の原料でもあり、発酵系のアチャールには必ずといっていいほど入っているスパイス。シナモンリーフはカシアシナモンの葉です。甘い香りで、肉のタルカリに使うことがあります。赤唐辛子もネワール料理には欠かせません。大小、いろいろな種類があり、写真左の小さいものはネパール産でとても辛いです。右はインド産。

本書で使用するミックスパイス

a ローステッドガラムマサラ

b ガラムマサラ

自家製のマサラ（ミックススパイス）です。sunya（P.128）で販売中。a は甘い香りのスパイスをローストして合わせたもの。b はベーシックな肉用マサラです。ホールスパイスを下記の重量比で合わせて挽いて代用可。ただし、風味は異なります。▶ a（スターアニス：ブラウンカルダモン：グリーンカルダモン：クローブ：フェヌグリーク：シナモン＝1：2：2：2：2：6）※1種ずつ乾煎りする。▶ b（ブラックペッパー：コリアンダー：グリーンカルダモン：シナモン：クローブ＝1：6：6：4：4）

ネパール料理の味の骨格

a pyaj
प्याज
玉ネギ

b golbheda
गोलभेंडा
トマト

c lasun
लसुन
ニンニク

d aduwa
अदुवा
ショウガ

ニンニク、ショウガ、玉ネギ、トマトはネパール料理には欠かせない素材です。多くの料理において、この4つを香りと味わいの要素として用います。ニンニク、ショウガ、玉ネギについては「ネパール料理 調理のコツとテクニック」（P.11）をご覧ください。トマトは旨みと酸味を加えるという役割があり、アチャールには酸味が強いものを、タルカリには熟れたものを使います。なお、この本ではニンニクとショウガは1かけを10gとし、玉ネギは中サイズ（約240g）、トマトは中サイズ（約160g）を使っています。

乾燥豆はポピュラーな素材

a kalo chana
कालो चना
カーロチャナ

b bhatmas
भटमास
大豆

c bodi
बोडी
黒目豆

d kerau
केराउ
乾燥グリーンピース

一昔前まで、ネパールの食材のメインはイモ類と豆類でした。いまでも豆類はよく食べます。さや豆や生豆も使いますし、乾燥豆も使います。乾燥豆のなかでもよく使うのがこの４種。カーロチャナは黒ひよこ豆です。黒目豆はネパールではボリと呼ばれます。乾燥グリーンピースはインド産のものが入手可能です。

ネパールの米

a chiula
चिउरा
チウラ（干し米）

b 日本米

c バスマティライス

ネパールは米の種類が豊富でバスマティライスのような長粒米、日本米のような短粒米、その中間の長さの中粒米など、さまざまなタイプの米が食べられています。いずれも日本米にくらべてやや軽い食感。子どもの頃に食べていたノーブランドの日本米に近い気がします。バスマティライスと日本米を半々ずつ合わせ、水を少し多めにして炊くとネパール料理によくあうご飯になります。チウラはタイチンという中粒米を蒸してつぶし、干したものが主流。カジャには欠かせません。食べる前に乾煎りするとサクサク感が増しておいしいです。

ネワール料理には欠かせない

a bhuteko tori ko tel
भुटेको तोरीको तेल
ブテコトリコテール

b til
तिल
ゴマ

ネパール全土ではトリコテールという焙煎していないマスタードシードから絞った油を使いますが、ネワール料理ではブテコトリコテールを使います。ブテコトリコテールは深煎りしたブラウンマスタードシードから絞る油です。焙煎からくるこうばしい香りとマスタードシードならではのややぴりっとした刺激のある味わいが特徴。非加熱のマスタードオイルとは風味がまったく異なります。代用する際は深煎りのゴマ油を使ってください。 sunya にて販売予定。すりゴマはアチャールに多用されます。

アチャールによく使う素材

a kagati
कागती
レモン

b hariyo khursani
हरियो खुर्सानी
青唐辛子

写真のものは日本のレモンですが、ネパールにはタイのマナオに似た、小さくて青いレモンがあり、ダルバートに添えたりします。アチャールにはその香りと酸味が欠かせません。青唐辛子も料理に添えておかずやご飯を食べる合間にそのままかじったりします。ミックスアチャール（P.69）は青唐辛子を入れることで、さわやかな香りと辛みが加わり、ぐっとネパールらしさがでます。

ネパール料理　調理のコツとテクニック

フェヌグリークシードは真っ黒になるまで

ネパール料理ではスタータースパイスやテンパリングスパイスとしてフェヌグリークシードをよく使います。使い方の特徴は、真っ黒になるまで焦がすことです。黒くなってくると、やがてメープルシロップを思わせる甘くてこうばしい香りがしてきます。この香りがしてくると「ネパール料理の匂いだなー」と思います。香りが立ってきたら他の素材を加えますが、油がかなり高温になっているため素材や素材についた水分が強く爆ぜたりするので、慣れるまではいったん火をとめてから加えることをおすすめします。

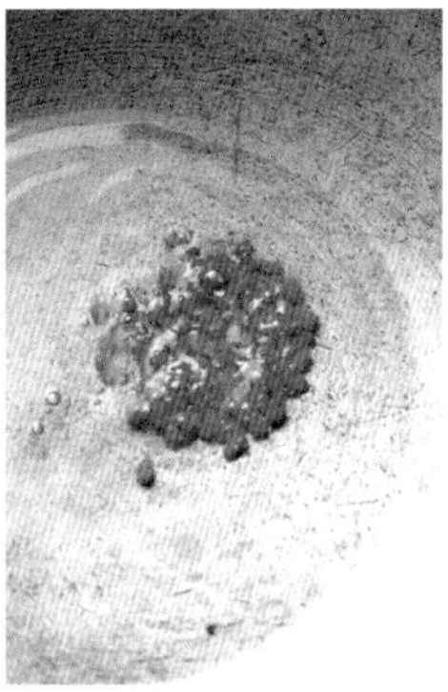

温めた油にフェヌグリークシードを入れる。

かなり黒くなってきたけれど、
もう少し！

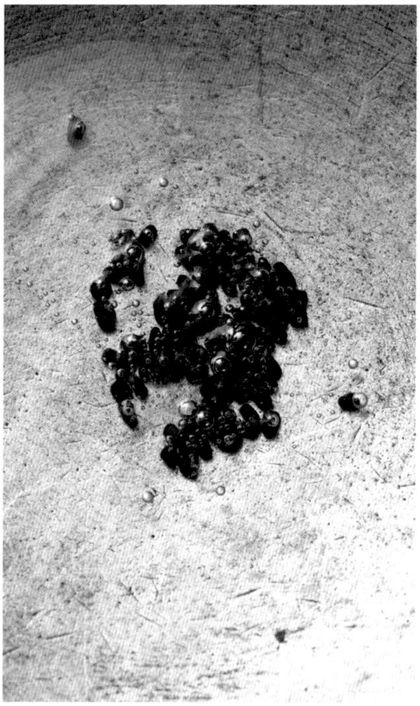

深い黒色になり、
甘い香りがしてきたらＯＫ！

スパイスの量はかなり少なめ

ネパール料理はインド料理やスパイスカレーにくらべて、使うスパイスの量がかなり少なめです。よってこの本のように2〜4人分のレシピだと、使う量が小さじ1以下になることも多いです。できればスパイスの計量には0.1gから計量できるデジタルスケールを使ってください。スプーンスケール（スプーン型のデジタルスケール）は手頃な価格のものもあるので、ひとつ持っておくといいと思います。

ニンニクとショウガはたっぷりと

ニンニクとショウガはネパール料理の味つけの根幹と言ってもいいと思います。スパイスが控えめなのに比してかなり多めに使うのが特徴で、それによって旨みおよび香りのベースをつくります。また、日本ではカレーをつくるときにはショウガやニンニクを玉ネギとともに炒めた後にパウダースパイスを加えることが多いようですが、ネパールでは玉ネギにまずスパイスを加えて香りを立たせてから、ニンニクとショウガを加えるという手順をとることも多いです。

玉ネギは強火で炒めてこうばしく

ネパール料理では、玉ネギは甘みではなく香りの要素として用いることが多く、その場合は強めの火で、端がこんがり色づくまでこうばしく炒めます。また、玉ネギの割合が多いと甘みがでてしまい、ネパールらしさがでないように思います。とはいえ、「ポークカレー」(P.62）のように玉ネギの甘みを引き出したいときなどは、もちろんこの限りではありません。

塩はバランスをみて調整する

僕はダルバートをつくるとき、皿の中に塩気が強めのアイテムがあるのなら他の料理の塩加減は弱めにするか加えない、など、全体のバランスをみながら塩味を調整しています。また、これはネパール料理のコツというわけではありませんが、調理の最後には必ず味見をして、塩で味を調えてください。

- 小さじ1＝5cc、大さじ1＝15ccです。
- 料理名にはネパール語と英字表記を添えています。英字表記は簡略に文字を転写する方式を採用しているため、よく見かける表記とは異なる場合もあります。
- 塩小さじ1は約7gとしています。
- スパイスはすべてネパール産を使用。小さじ1の重量は下記の通りです。

  ターメリックパウダー 約2.5g
  クミンパウダー 約2.5g
  チリパウダー 約1.8g
  コリアンダーパウダー 約1.8g
  フェヌグリークシード 約2g
  クミンシード 約6g
  ガラムマサラ 約3g
  ローステッドガラムマサラ 約3g
- インド産のスパイスは粒子の大きさや香りがネパール産とは異なります。インド産を使用する場合、大さじや小さじで計量するならば記載の分量の2/3ほどに減らしてください。ハカリで計量する場合は記載のg数のままでよいです。
- 調理時間や火加減は厨房環境に応じて調整ください。

撮影 / 天方晴子
デザイン / 矢内 里
ネパール語校正 / 野津治仁
制作協力 / 本田真理
編集 / 井上美希（柴田書店）

dalbhat

दालभात

ダルバート

ネパールの人に「ネパール料理って、なに？」と訊くと、たいてい「ダルバート」という答えが返ってきます。国全体に共通する食文化がほとんどないネパールで、唯一、全国で食べられている料理がダルバートです。

ダルバートのダルは豆のスープ「ダール」、バートは白飯のこと。ダールは一単語では「ダール」と間をのばして発音しますが、ほかの単語とくっついてひとつの単語になる場合は「ダル」と短い音になるため、「ダールバート」ではなく「ダルバート」と発音するのが近い気がします。

ダルバートの基本構成要素はもちろんダールとバートです。昔は貧しい家庭だと、本当にこれだけを食べていたこともあるようです。このほかに野菜のおかずであるタルカリ（P.30）、箸休めの役割を担うアチャール（P.64）、肉や魚のカレー（P.48）、青菜の炒めものであるサーグ（P.86）などを盛り合わせます。単にダルバートということが多いですが、ダルバート タルカリ、ダルバート タルカリ アチャール、ダルバート タルカリ アチャール サーグと、盛り合わせるものをつなげて呼ぶことも。

近年では、家庭でさっと済ませるときでも、野菜のタルカリや、肉と野菜を一緒に調理したタルカリ１種くらいはつけることが多く、豪華になると野菜のタルカリやアチャールの種類が増えたり、肉や魚のカレーやサーグがついたりします。

ダルバートのおいしさは、全体の味と食感のバランスをどうとるか、にかかっているといえます。変化に富んだ組み合わせになるように意識するのがコツです。ここではまず、さまざまなタイプのダルバートをご紹介します。

なお、１～２品と品数の少ないダルバートをつくるのであれば１品ずつをたっぷりと盛ることになるので記載の分量だと２～４人分、品数の多いダルバートにするのであれば少しずつ盛るため、４～６人分くらいになります。

a
b
c
d
e
f
g

a
b
c
d
e

a
b
c
d
e
f
g
h
i
j
k

a
b
c
d
e
f
g
h

典型的な食堂のダルバート

a チキンカレー ジョールタイプ（P.50）
b 大根のアチャール（P.67）
c ウラドダル＋トゥールダル＋マスールダルのダール（P.22）
d 酢橘
e フレッシュトマトとティムルのアチャール（P.66）
f ほうれん草とクレソンのサーグ（P.88）
g じゃがいもとカリフラワーのタルカリ（P.32）

ダルバートをだす食堂もいろいろで、値段や味のレベルもさまざまです。これは、高級でも庶民的でもないごく一般的な価格で、ちゃんとおいしい食堂のオーソドックスなダルバートをイメージして盛り合わせたもの。食堂のダールはダルを何種類かミックスすることが多いです。アチャールは代表格である大根とトマトのものを１種ずつ添えました。大根は浅漬けタイプのこのスタイルが一番よく見かけるつくり方で、トマトをティムルとともにすりつぶすこのアチャールがついていると、僕はちょっと気分が上がります。肉のカレーは、食堂らしく汁気が多くてさらっとしたジョールタイプに。ご飯をたっぷりと食べさせる仕立てです。タルカリとサーグは、いずれももっともオーソドックスなものをチョイスしました。

ちょっと安めの食堂のダルバート

a フレッシュトマトとティムルのアチャール（P.66）
b ニシンのディープフライカレー（P.56）
c じゃがいもとオクラのタルカリ（P.34）
d ウラドダル＋ムングダルのダール（P.26）
e ほうれん草とクレソンのサーグ（P.88）

アイテム数が少なめなところが、“ちょっと安め”の食堂っぽさ。こういう店では、ごはんもたっぷりどーんと無造作に盛りつけられていたりします。鯉や鯰などの淡水魚を、臭み抜きのためにしっかり下揚げしてから、濃厚なグレイビーで和えるカレーは手が込んでいる感じがしますが、ネパールでは意外と庶民の味。アチャールは１種しかつかないならトマトのものであることが多いです。タルカリは１品だけの場合、たいていじゃがいもと何かの野菜の組み合わせです。ちなみに、ネパールの食堂では、肉や魚のカレー以外は基本的にすべておかわり自由です。

タカリ族のダルバート

a ティムルコチョープ ドライタイプ
b レモンと青唐辛子
c ウラドダルのダール（P.26）
d 山羊肉のカレー（P.58）
e 南瓜のタルカリ（P.45）
f プレーンヨーグルト
g じゃがいもとカリフラワーのタルカリ（P.32）
h 高菜のサーグ（P.91）
i グンドゥルックのアチャール（P.69）
j 干し大根のアチャール（P.67）
k トマトを煮詰めたアチャール（P.66）

美食で知られるタカリ族のダルバートの特徴は、なんといってもタルカリやアチャールの品数が多いこと。また、ジンブーで香りづけする調理法やトマトを煮詰めたアチャールはタカリのダルバートならでは。ティムルコチョープはティムルと唐辛子でつくるアチャールの一種。ふりかけ状のドライタイプとオイルに漬け込むタイプがあります。タカリ族はティムルの産地であるヒマラヤ山麓地帯の民族なので、料理にもティムルをよく使います。ポカラやカトマンドゥをはじめとする各地に、タカリと名のついたレストランがありますが、タカリの人は総じてスパイスや調味料のきかせ方が上手です。

レストランのダルバート

a 水牛のカレー
b 山羊肉のカレー（P.58）
c ムングダル＋マスールダルのダール
d フレッシュトマトとティムルのアチャール（P.66）
e グンドゥルックのアチャール（P.69）
f ミックスアチャール（P.69）
g ジャガイモとインゲンのタルカリ
h 高菜のサーグ（P.91）

タカリ族のダルバートほどではありませんが、品数は概して多め。安食堂ではダールや肉のカレーは玉ネギとトマトの量は少なく、加える水の量は多く、塩気は強くして、少ない材料でもご飯をたっぷり食べられるようにつくりますが、レストランのものは濃厚でぼってりとしていて、リッチな味わい。豆、玉ネギ、トマトなどの野菜をたっぷりと贅沢に使っているためです。ただし、素材の割合が多い分、塩味がぼけやすく、ビシッと決まっている店に当たるとうれしくなります。アチャールがたくさんつくのもレストランならでは。

a
b
c

a
b
c

a
b
c
d
e

a
b
c
d
f
e

ネワール族の家庭のシンプルなダルバート

a マスールダル + トゥールダル + ムングダルのダール
b 水牛と蕪のタルカリ
c 干し大根の発酵アチャール（P.67）

日本でも家庭の簡単な晩ごはんは、ご飯、味噌汁、漬けものに、野菜と肉の炒めもの１品、ということも珍しくないですが、そんな感じの家庭のダルバートです。食堂やレストランだと肉と野菜は別々にタルカリにすることが多いですが、家庭ではこのように一品にしてしまうことも。ネパールでは一般家庭のコンロは二口が標準的です。まずご飯を炊きながらダールをつくり、ご飯が炊けたら空いたコンロでおかずをつくって盛り合わせるという流れでさっと支度すると、こうした構成のダルバートができあがります。

家庭のちょっと質素なダルバート

a キーマカレー（P.60）
b グンドゥルックのタルカリ ジョールタイプ（P.36）
c ミックスアチャール（P.69）

一昔前の庶民的なダルバートをイメージして盛りました。グンドゥルックはいまでこそネパール独自の食材として見直されていますが、少し前までは古くささや貧しさを感じさせる食材という印象がありました。ジョール（汁気のある料理）のタルカリでダールを兼ねるのは、かなりさびしいパターン。冷やご飯をほぐすことなく、ところどころかたまっていても頓着せずに盛るところにネパールらしさを込めています。

山岳地帯のロッヂや家庭のダルバート

a 唐辛子のアチャール
b ウラドダル + マスールダル + トゥールダル
c チキンカレー グレイビータイプ（P.52）
d チンゲン菜とディルのサーグ（P.91）
e 人参とカリフラワーのタルカリ（P.40）

ポカラ近郊のトレッキングルートにある標高 2,000m あたりのロッヂやチベット系山岳民族の家庭で食べられているダルバートをイメージした構成です。山岳地帯では輸送コストがかかるため、使える食材に限りがあり、高度が上がるほどに、これよりさらに品数が少なくなっていきます。ご飯とともにひと皿に盛るのも、こうしたエリアではよく見るやり方で、派手な柄のプラスティックの皿は隣国である中国からの輸入品。サーグには中国由来のチンゲン菜を使いました。さっとソテーしてつくるタルカリなど、欧米からの観光客の多い土地柄を感じさせる要素を盛り込んでいます。

裕福な家庭のダルバート

a 山羊肉のカレー（P.58）
b チキンカレー グレイビータイプ（P.52）
c じゃがいも、人参、カリフラワー、インゲンのタルカリ
d ウラドダル + ムングダル + マスールダル + トゥールダルのダール
e ほうれん草と高菜のサーグ
f 青唐辛子のアチャール

ネパール南部のチトワンというエリアは、稲作やインドとの交易で急速に財を成した裕福な家庭が多く、資産家も多く移り住んでいます。そんな家庭を意識してつくったこのダルバートは、かなり豪華。肉のカレーが２品以上ついたり、ダール、タルカリ、サーグのいずれも、使う素材の種類が多いあたりで贅沢感を演出しています。ちなみに、ネパールでは皿の上にこのように料理を盛っていない不思議な余白があることが多いのですが、そのスペースでご飯とそのほかの料理を混ぜて食べるのです。

dal

दाल

ダール

- 豆のスープ -

ダールはネパール語で挽き割り豆のことで、同時に豆のスープのことでもあります。ダルバートには欠かせないアイテムです。

家庭では豆２種を組み合わせてつくることが多く、ウラドやマスールは特によく使われています。また、価格が安くてすぐに煮えるムングもポピュラーなダル。トゥールダルは他の豆にくらべて 1.5 倍ほど高価で、深い味わいと豊かな香りがあり、ちょっといい食堂やレストラン、裕福な家庭で見かける印象です。ネパール語では「ラハルダル（रहर दाल/rahar dal）といいますが、ネパール語には“願望”を意味する「ラハル」という語があり、これがラハルダルの語源ではないかと言う人々もいるくらい、ちょっと魅力的なダルです。ちなみにこれは俗説で、実際のところは全く関係ないそうです。

ダールのつくり方ですが、たっぷりの水で豆がやわらかくなるまで煮たら、最後にスパイスや香味野菜をテンパリングしたオイルを加え混ぜます。テンパリングするものはニンニクや玉ネギ、クミンシード、赤唐辛子などが多く、パウダースパイスやジンブー（P.8）などを使うことも。ジンブーはネギ科特有のこうばしい香りがあり、北部のヒマラヤ山麓のみが産地でやや高価。ふらっと入った食堂で出てきたダルに入っていると「お！入ってるな！」という気持ちになります。

ダールは主に白飯にかけて食べますが、たとえば安食堂では少ないおかずで白飯をたっぷりと食べさせるためにダールの塩気は強くし、水の割合を多めにして、しゃばっと仕上げます。対して、レストランや裕福な家庭などの、タルカリやアチャールの品数が多いダルバートでは、ご飯のおともがたくさんあるためにダールの塩気を強くする必要がなく、豆をふんだんに使ってぽってりと濃厚に仕上げ、ほどよい塩気にととのえたりもします。

左写真のトレイの上の豆は上から時計回りにトゥール、マスール、ムング、ウラド。トゥールは樹豆（キマメ）の皮をむき、挽き割って半分にしたものです。マスールは皮をむいたレンズ豆。ムングは緑豆の皮をむいて挽き割ったもの。ウラドは日本語では毛蔓小豆（ケツルアヅキ）といい、皮は黒くて小豆をひとまわり小さくしたような形をしています。ネパールでは皮付きの挽き割りを使います。

mas, rahar ra musuro ko dal

मास, रहर र मुसुरोको दाल

ウラドダル + トゥールダル + マスールダルのダール

ネパールの食堂では
もっともオーソドックスな
3種の豆の組み合わせ。
ジンブーで香り高く。

- ウラドダル（皮付き）　30g
- トゥールダル　40g
- マスールダル　30g
- 水　600cc
- サラダ油A　約小さじ1
- 塩　小さじ1
- ターメリックパウダー　小さじ1/4（0.6g）
- サラダ油B　大さじ1
- ジンブー（P.8）　ひとつまみ
- 香菜（きざむ）　ひとつまみ

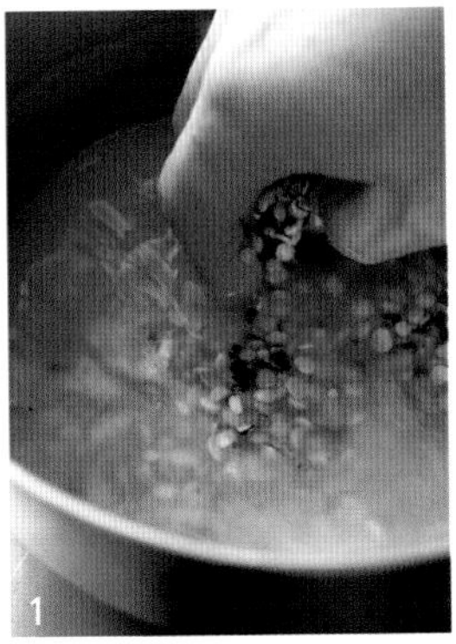

3種の豆を合わせて、水を2～3回かえながらさっと水洗いする。

ざっと水気をきり、鍋に移して分量の水、サラダ油A、塩、ターメリックパウダーを加える。

中火にかける。沸いたら火をやや弱め、約30分煮る。途中、煮詰まったら水100～150cc（分量外）を加える。写真は煮ている途中。豆のふくらみがまだやや足りない。

豆が倍くらいの大きさになり、煮汁にとろみがでてきて、マスールダルがつぶれてきたら火から下ろす。煮上がりの重量の目安は約600g。これより多ければさらに煮詰め、少なければ水を適量足してのばし、温めなおす。

煮汁にしっかりととろみがつき、旨みが汁に溶けだすまで、泡立て器で撹拌して豆をつぶす（ハンドブレンダーやミキサー、フードプロセッサーを使ってもよい）。

フライパンか小鍋にサラダ油Bを入れて熱し、ジンブーを加える。

こうばしい香りが立ったら火から下ろし、5の鍋に加え混ぜる。香菜も加え混ぜ、フタをして少し蒸らす。

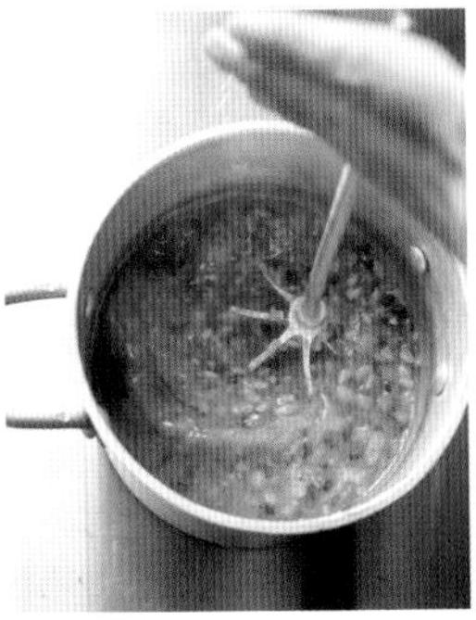

ネパールでは専用の器具（P.20の写真で鍋の手前に置いた、棒の先に放射状に金具がついているもの）で撹拌して豆をつぶします。

mung dal

मुंग दाल
ムングダルのダール

玉ネギ、ニンニク、クミン、赤唐辛子で、
ムングダルのやさしい味わいを
シンプルに引き立てる。

- **ムングダル**　100g
- **水**　500cc＋200cc
- **ターメリックパウダー**　小さじ1/4（0.6g）
- **塩**　小さじ1
- **サラダ油**　20cc
- **赤唐辛子**　1本
- **クミンシード**　小さじ1/2（3g）
- **ニンニク**（みじん切り）　1/2かけ分（5g）
- **玉ネギ**（粗みじん切り）　大さじ1（10g）

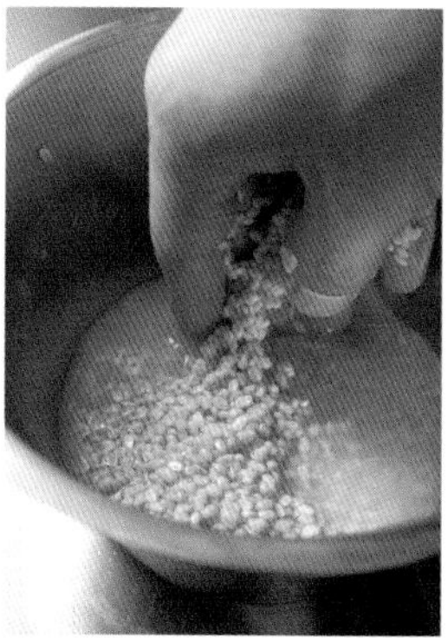
ムングダルはざっと水洗いしてゴミやホコリを取り除く。

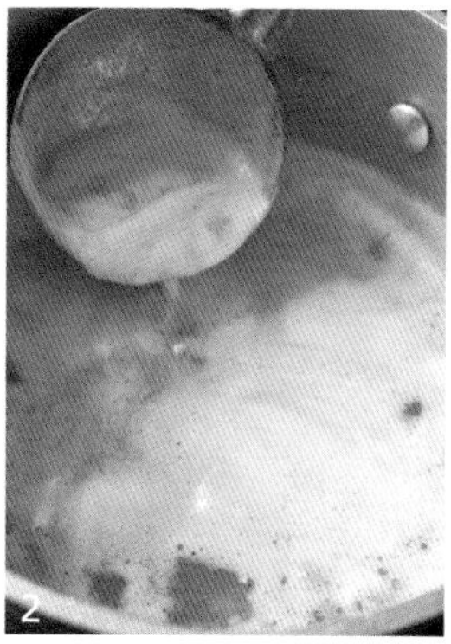
2
鍋に1、水500cc、ターメリックパウダーを入れて火にかけ、ひと煮立ちさせる。アクが多いようならざっとすくい、弱めの中火にして30〜40分煮る。途中、水200ccを足す。

3
塩を加え、弱火にしてさらに煮る。豆がくずれるくらいやわらかくなったら、火から下ろす。煮上がりの重量は約600g。これより多ければさらに煮詰め、少なければ水を適量足してのばし、温めなおす。

4
泡立て器でかき混ぜてなめらかな状態にする（ハンドブレンダーやミキサー、フードプロセッサーを使ってもよい）。

5
小さめのフライパンか小鍋にサラダ油を入れて温め、赤唐辛子を加える。香りが立ったらクミンシードを加える。

6
こうばしい香りが立ったらニンニクを加える。

7
ニンニクの香りが立ったら玉ネギを加え、玉ネギが色づいたらすぐに火から下ろす。

8
すぐに6の鍋に加えて、よく混ぜる。

mas ko dal

मासको दाल

ウラドダルのダール

ウラドダルはじっくり煮ると
やや粘りのあるとろっとした状態に。
ショウガが入るため、
さっぱりとした味わい。

musuro ra rahar ko dal

मुसुरो र रहरको दाल

マスールダル
＋トゥールダルのダール

味の弱いマスールダルに
香りのよいトゥールダルを合わせ、
玉ネギとトマトの旨みを足す。

mas ra mung ko dal

मास र मुगको दाल

ウラドダル
＋ムングダルのダール
→ P.28

家庭でよく食べられている
組み合わせ。
ニンニクとクミンに加えて、
ジンブーが入るリッチなレシピで。

ウラドダルのダール

मासको दाल

- **ウラドダル**（皮付き） 100g
- **水** 400cc＋150cc
- **ターメリックパウダー** 小さじ1/4（0.6g）
- **塩** 小さじ1
- **ギー** 小さじ1
- **ショウガ**（すりおろし） 少量（1g）

ウラドのみでダールをつくるのは美食で知られる民族「タカリ」に特有のスタイルで、このダールはカーロダール（黒いダールの意）とも呼ばれます。裏ごししてなめらかにすると、より高級感のある仕上がりに。ジンブーがとれるヒマラヤ山麓は、タカリ族が古くから住む地域で、タカリのダルにはジンブーが入ります。テンパリングにショウガを使うのもタカリ族ならでは。

1 ウラドダルはざっと水洗いしてゴミやホコリを取り除く。

2 中華鍋に入れて、水400ccとターメリックパウダーを加える。火にかけてひと煮立ちさせ、アクが多いようならすくう。中火にして30〜40分煮る。途中、適宜水を足す。煮上がり重量の目安は約600g。これより多ければさらに煮詰め、少なければ水を適量足してのばし、温めなおす。

3 ウラドダルがくずれ始めたら、いったん火から下ろし、泡立て器でかき混ぜて、とろっとした状態にする（ハンドブレンダーやミキサー、フードプロセッサーを使ってもよい）。

4 水150ccと塩を加えて弱めの中火にかける。ウラドダルが手で簡単につぶれるくらいやわらかくなるまでさらに煮る。

5 小さめのフライパンか小鍋にギーを入れて温め、ショウガを加える。香りが立ってきたら、4に加え混ぜる。

マスールダル＋トゥールダルのダール

मुसुरो र रहरको दाल

- **マスールダル** 50g
- **トゥールダル** 50g
- **サラダ油** 大さじ1
- **玉ネギ**（粗みじん切り） 1/4個分
- **ニンニク**（みじん切り） 1/3かけ分（3g）
- **ショウガ**（みじん切り） 1/3かけ分（3g）
- **ターメリックパウダー** 小さじ1/4（0.6g）
- **クミンパウダー** 小さじ1/4（0.6g）
- **塩** 小さじ1
- **トマト**（粗みじん切り） 1/4個分
- **水** 500cc

インドとの貿易で潤う南部の裕福な家庭をイメージしたレシピです。トマトを入れて旨みを足しつつ、とろみを出すのは南部の家庭ではよく見るつくり方です。

1 マスールダルとトゥールダルは合わせて、ざっと水洗いしてゴミやホコリを取り除く。

2 圧力鍋にサラダ油を熱し、弱めの中火で玉ネギを炒める。玉ネギがキツネ色の一歩手前まで色づいたら、ニンニクとショウガを加えて炒め合わせる。香りが立ってきたら、ターメリックパウダー、クミンパウダー、塩を加え混ぜる。スパイスの香りが立ってきたらトマトを加えてさらに炒め合わせる。

3 トマトから水分が出てきたら、1と分量の水を加えて中火にかける。沸いたら圧力鍋のフタを閉める。おもりが上がったら弱火にして2〜3分煮る。

4 火から下ろし、フタが開けられるようになるまで常温にしばらくおいて冷ます。泡立て器でかき混ぜてなめらかな状態にする（ハンドブレンダーやミキサー、フードプロセッサーを使ってもよい）。煮上がり重量の目安は約600g。これより多ければさらに煮詰め、少なければ水を適量足してのばし、温めなおす。

ウラドダル＋ムングダルのダール

मास र मुंगको दाल

- ウラドダル（皮付き）　50g
- ムングダル　50g
- 水　600cc
- ターメリックパウダー　小さじ 1/4（0.6g）
- 塩　小さじ 1
- サラダ油　大さじ 1
- クミンシード　ひとつまみ
- ジンブー（P.8）　ひとつまみ
- ニンニク（みじん切り）　1/3 かけ分（3g）
- 香菜（みじん切り）　ひとつまみ

1 ウラドダルとムングダルは合わせてざっと水洗いし、ゴミやホコリを取り除く。鍋に移し、分量の水とターメリックパウダーを加えて火にかけ、ひと煮立ちさせる。アクが多いようならすくい、弱めの中火にして 30 ～ 40 分煮る。途中、煮詰まったら水 100 ～ 150cc（分量外）を加える。

2 ウラドダルがやわらかくなってきたら塩を加えて、ウラドダルが簡単にくずれるくらいやわらかくなるまで、さらに煮る。煮上がり重量の目安は約 600g。これより多ければさらに煮詰め、少なければ水を適量足してのばし、温めなおす。

3 火から下ろし、泡立て器でかき混ぜてなめらかな状態にする（ハンドブレンダーやミキサー、フードプロセッサーを使ってもよい）。

4 小さめのフライパンか小鍋にサラダ油を入れて温め、クミンシードを加える。クミンシードがパチパチとはじけ始めたらジンブーを加え、こうばしい香りが立ったら、ニンニクと香菜を加える。香りが立ったら 3 に加え混ぜる。

How to Eat dalbhat

〜ダルバートの味わい方〜

ダルバートの食べ方に決まりがあるわけではありませんが、
ここでは僕の好きな食べ方をご紹介します。

Step 1

▼

ダール＋ご飯

ダールを一口飲む。次にご飯と混ぜて食べる。>>

Step 2

▼

ダール＋ご飯
＋サーグ

ダールとご飯を混ぜ、サーグも混ぜて食べる。>>

Step 3

▼

ダール＋ご飯
＋タルカリ

ダールとご飯を混ぜ、タルカリも混ぜて食べる。>>

Step 4

▼

ダール＋ご飯
＋ノンベジカレー

ダールとご飯を混ぜ、ノンベジカレーも混ぜて食べる。>>

Step 5

▼

ダール＋ご飯
＋そのほか全部

ダールとご飯を混ぜ、ノンベジカレーも混ぜる。>>

サーグを混ぜ、アチャールも混ぜる。タルカリも混ぜて、食べる！>>

Step1~5 を繰り返し、味の変化を楽しみながら食べ進む！以上！

tarkari

तरकारी

タルカリ

- 野菜のスパイスおかず -

タルカリはもともとは「野菜」という意味ですが、転じて“おかず”というニュアンスでも使われ、肉や魚のカレーのことをタルカリと呼ぶこともあります。ここでは本来の意味である野菜のおかずのみを取り上げます。

ネパールはもともと野菜のバリエーションが少なく、主に葉ものや根菜、豆類、瓜類などを食べていたようです。根菜、豆類、瓜類は日本にくらべてかなり種類が多く、味が濃くてとてもおいしいです。なかでもじゃがいもはネパールの野菜料理においてもっとも中心的なポジションにある素材。ダルバートのタルカリの定番といえば、じゃがいもと何かの野菜を組み合わせたもので、食堂ならどの店でも１品は必ずじゃがいもを使っています。いまではそのほかの野菜も食べられているのですが、現在、市場に並ぶもののほとんどが日本にもある野菜です。聞いた話によると農業関連の海外支援により、数十年前に日本をはじめとする諸外国からいろいろな野菜の種と栽培法が持ち込まれたからだとか。そんなわけでネパールのタルカリは日本でも再現可能なものが多いのです。

タルカリの調理法はかなりシンプル。玉ネギ、ニンニク、ショウガ、トマトなどとともに炒めたり煮たりして、ネパール料理の基本スパイス４種（フェヌグリークシード、ターメリックパウダー、クミンパウダー、チリパウダー）をさまざまに組み合わせて使い、塩で味つけします。なかでもフェヌグリークシードはほとんどのタルカリでスタータースパイスとして使われ、真っ黒になるまで加熱するのがネパールならではの調理の特徴です。

ネパールの野菜料理は使うスパイスの種類も量も少なく、野菜本来の味を楽しませる点は和食に近いものがあるように思います。

alu kauli

आलु काउली
じゃがいもとカリフラワーのタルカリ

じゃがいもとカリフラワーの
旨みが相乗効果を生む。
野菜の水分のみで
蒸し煮にすることで、
味わいを凝縮。

- **ジャガイモ**　中3個（400g）
- **カリフラワー**　1/2株（200g）
- **サラダ油**　大さじ2
- **フェヌグリークシード**　小さじ1/4（0.5g）
- **玉ネギ**（粗みじん切り）　1/4個分
- **ターメリックパウダー**　小さじ3/4（1.8g）
- **塩**　小さじ1～1.5
- **トマト**（ざく切り）　1/2個分
- **ニンニク**（みじん切り）　大1かけ分（15g）
- **ショウガ**（みじん切り）　大1かけ分（15g）
- **クミンパウダー**　小さじ3/4（1.8g）
- **チリパウダー**　小さじ1/4（0.4g）

食堂のダルバートにはだいたい入っているというくらいにポピュラーなタルカリ。と同時に、チウラ（干し米・P.9）を添えてカジャとすることも。このレシピではジャガイモを炒め煮してつくっていますが、「じゃがいもとオクラのタルカリ」（P.34）のようにあらかじめ火を入れたじゃがいもを使うこともあります。

ジャガイモは皮をむき、くし形切りにする。カリフラワーは小房に分け、軸に沿って食べやすい大きさに割く。

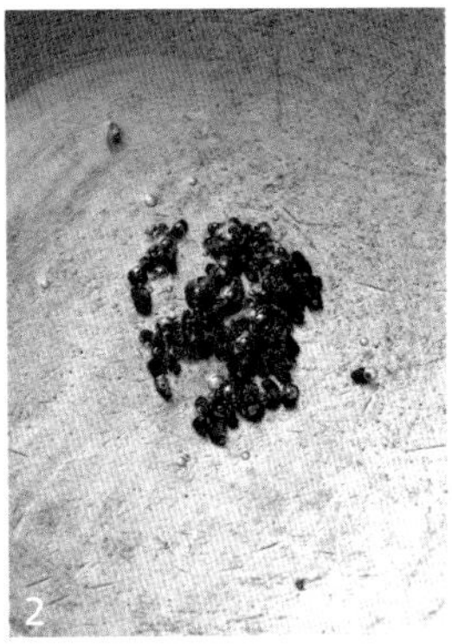

鍋にサラダ油を熱し、フェヌグリークシードを加える。真っ黒になり、こうばしくて甘い香りが立ってきたら、いったん火を止めて温度を下げる。

玉ネギを加えて中火で炒め、写真のようにやや色づいてきたら1のジャガイモを加えて炒め合わせる。

ジャガイモに油がまわったらターメリックパウダーと塩を加え混ぜ、スパイスの香りが立ってきたらトマトを加えて炒め合わせる。

トマトが煮くずれて全体にからんだら、ニンニクとショウガを加えて炒め合わせる。

ニンニクとショウガの香りが立ってきたら弱火にし、フタをして約10分蒸し煮する。途中、焦げつかないよう、たまにフタを開けて全体を返す。

ジャガイモに8割がた火が通ったら、1のカリフラワー、クミンパウダー、チリパウダーを加え混ぜる。

フタをしてさらに蒸し煮する。ジャガイモとカリフラワーに火が通ったらできあがり。カリフラワーがややかためなくらいで火を止めるのがおすすめ。

alu ramtoriya

आलु रामतोरिया
じゃがいもとオクラのタルカリ

ホクホクに蒸したやわらかい
じゃがいもとシャキッとした
オクラの炒め煮。
オクラの粘りが全体をまとめる。

- **ジャガイモ**　中3個（300g）
- **オクラ**　1パック分（6〜7本）
- **サラダ油**　大さじ2
- **フェヌグリークシード**　ひとつまみ（0.5g）
- **A　ターメリックパウダー**　小さじ1（2.5g）
  クミンパウダー　小さじ1（2.5g）
  チリパウダー　小さじ1/6（0.3g）
- **ニンニク**（すりおろし）　1/2かけ分（5g）
- **ショウガ**（すりおろし）　1/2かけ分（5g）
- **トマト**（粗みじん切り）　小1個分
- **塩**　小さじ3/4〜1

「じゃがいもとカリフラワー」（P.32）と並んでポピュラーな、食堂の定番タルカリ。ネパールは土地が乾燥しているからか、ジャガイモの味が濃くてとてもおいしく、種類も豊富です。

1
ジャガイモは皮付きのまま蒸してから皮をむき、ひと口大に切る。オクラは板ずりし、ヘタを取り除いてひと口大に切る。

2
鍋にサラダ油を熱してフェヌグリークシードを加え、真っ黒になったら、いったん火を止めて温度を下げる。

3
オクラを加えて中火にかけ、ざっと炒める。全体に油がまわったらAを加え混ぜる。

4
スパイスの香りが立ってきたらニンニクとショウガを加え混ぜる。

5
ニンニクとショウガの香りが立ってきたら、トマトと塩を加え混ぜる。

6
トマトが煮くずれて全体にからんできたらジャガイモを加えて炒め合わせる。

7
トマトがジャガイモにからんだらできあがり。

gundruk ko jhol

गुन्द्रुकको झोल
グンドゥルックのタルカリ ジョールタイプ

グンドゥルックの風味が溶け出した
スープタイプのタルカリ。
具材はカリカリした揚げ大豆と
ホクホクのじゃがいも。

- サラダ油　50cc
- フェヌグリークシード　小さじ 1/3（0.7g）
- A　クミンシード　小さじ 1/4（1.5g）
  アジョワンシード　小さじ 1/4（0.7g）
  赤唐辛子　1 〜 2 本

大豆[*1]　30g
- 玉ネギ[*2]　1 個
- グンドゥルック（P.8）[*3]　20g
- ジャガイモ[*4]　2 個
- B　ターメリックパウダー　小さじ 1/2（1.3g）
  クミンパウダー　小さじ 1/2（1.3g）
  コリアンダーパウダー　小さじ 1/2（0.9g）
  塩　小さじ 1
- トマト（粗みじん切り）　1 個分
- ニンニク（すりおろし）　1 かけ分（10g）
- ショウガ（すりおろし）　1 かけ分（10g）
- 水　600cc ｜ 適量

＊ 1 乾燥のまま中火にかけたフライパンで乾煎りする。
＊ 2 薄切りし、半分から 1/3 の長さに切る。
＊ 3 水に 30 分間浸してもどし、水気を絞って長さ 2cm に切る（P.80「グンドゥルックのアチャール」参照）。
＊ 4 皮をむき、1cm 幅のいちょう切りにする。

昔ながらの素朴な料理です。これとバート（白飯）とアチャールのみで簡素な食事とすることもあり、チウラ（干し米・P.9）を添えてカジャにすることも。ネパール独自の発酵食品であるグンドゥルックの独特の酸味と風味が汁に溶け出して、しみじみとおいしいタルカリです。グンドゥルックは発酵食品とはいえ、わかりやすく強い旨みはないので、トマトと玉ネギを加えて補っています。

1 鍋にサラダ油を熱してフェヌグリークシードを加え、真っ黒になったら、いったん火を止めて温度を下げる。A を加える。

2 香りが立ってきたら、乾煎りした大豆を加えて、大豆がほんのりと色づくまで中火で炒める。

3 玉ネギを加えて炒め合わせ、しんなりしてきたら弱火にする。玉ネギが色づくまでさらに炒める。

4 グンドゥルックを加えて炒め、こうばしい香りを引き出しつつ雑味をとばす。

5 ジャガイモを加えて炒め、B を加え混ぜる。

6 香りが立ってきたらトマトを加え、トマトが煮くずれて全体にからむまで炒め合わせる。

7 ニンニクとショウガを加えて炒め合わせる。香りが立ってきたら水 600 cc を加えて、ひと煮立ちさせる。

8 弱火にして 10 〜 15 分ほど、大豆に火が通るまで煮る。途中、煮詰まったら水を適量加える。

masyaura ra kerau

मस्यौरा र केराउ

マショウラとグリーンピースのタルカリ

マショウラはネパールのベジミート。
弾けるような食感に
青豆がさわやかさを添える。

- 乾燥グリーンピース　100g
- ベジミート　80g
- サラダ油　大さじ 4
- フェヌグリークシード　小さじ 1/2（1g）
- 玉ネギ（粗みじん切り）　1 個分
- A　ターメリックパウダー　小さじ 1（2.5g）
  クミンパウダー　小さじ 1/2（1.3g）
  チリパウダー　小さじ 1/6（0.3g）
  コリアンダーパウダー　小さじ 1/2（0.9g）
- ニンニク（みじん切り）　1/2 かけ分（5g）
- ショウガ（みじん切り）　1/2 かけ分（5g）
- トマト（粗みじん切り）　1 個分
- 塩　小さじ 2
- 水　100cc

マショウラはグリーンピースのほかにカリフラワーやジャガイモなどさまざまな野菜と合わせます。宗教上の制約によりベジタリアンが一定数いるネパールでは珍しくない食材ですが、やや値段が高いせいか、ベジタリアン以外はあまり食べません。生のグリーピースを使う場合は、最後に加えてさっと火を通してください。

乾燥グリーンピースはひと晩浸水し、水気をきる。

2
ベジミートは 20 〜 30 分浸水し、軽くしぼって 2 〜 3 等分に切る。

3
鍋にサラダ油を熱してフェヌグリークシードを加え、真っ黒になったら、火を止めて温度を下げる。玉ネギを加えて中火で炒める。

4
玉ネギがしんなりしたら、1 のグリーンピースを加えて炒め合わせる。

5
玉ネギが茶色く色づいたら A を加え混ぜ、香りが立ってきたらニンニクとショウガを加え混ぜる。

6
ニンニクとショウガの香りが立ってきたら、トマトを加えて炒め合わせる。トマトが煮くずれて全体にからんできたら 2 のベジミートを加える。

7
塩と分量の水を加えて、鍋肌についた旨みを溶かす。ひと煮立ちさせ、弱めの中火でグリーンピースがやわらかくなるまで約 15 分煮る。

マショウラは豆でつくるベジミートです。写真中央はどちらもウラドダルのもので、上はズイキ（里芋の茎の乾物）が、下は里芋が入っています。左はムングダルのものです。マショウラは日本ではインド産が入手可能ですが、あまりおいしくないのでベジタリアン向けの大豆ベジミート（写真右）で代用しました。

gajar ra kauli

गाजर र काउली

人参とカリフラワーのタルカリ

人参の甘みと
カリフラワーの苦みがよく合う。
どちらもカリカリとした食感を残して
かために仕上げるとおいしい。→ P.42

gundruk

गुन्द्रुक

グンドゥルックのタルカリ ドライタイプ

ホクホクの里いもとグンドゥルックの炒め煮。
里いもの素朴な味わいが
滋味深いグンドゥルックとよく合う。→ P.42

alu tama

आलु तामा

アルタマ（じゃがいも、発酵筍、黒目豆のタルカリ）

発酵筍の酸味と旨みが味わい深い。
黒目豆のポクポク感、じゃがいものホクホク感が食感のアクセント。→ P.43

salgm

सलगम

蕪と蕪の葉のタルカリ

蕪の実と葉を一緒に炒め煮にしてタルカリに。実はとろとろに、葉はしゃきっと仕上げる。→ P.43

人参とカリフラワーのタルカリ

गाजर र काउली

- **ニンジン**　1本（200g）
- **カリフラワー**　1/2株（200g）
- **サラダ油**　大さじ1
- **クミンシード**　ひとつまみ
- **ギー**　小さじ1
- **玉ネギ**（みじん切り）　1/4個分
- **A　ターメリックパウダー**　小さじ1/2（1.3g）
  クミンパウダー　小さじ1/2（1.3g）
  チリパウダー（好みで）　小さじ1/6（0.3g）
- **塩**　小さじ1/2

ギー（ネパール語ではギウ）を使ってややリッチに仕上げました。ヒマラヤ山麓のモンゴル系民族の家庭で食べられている料理をイメージ。タルカリはくたくたになるまで炒め煮することが多く、このようにさっと炒めるのは欧米の食文化に親しんだ、ちょっと裕福な家庭でみられる調理法です。

1 ニンジンは皮をむき、長さ4～5cmの拍子木切りにする。カリフラワーは小房に分け、軸に沿って食べやすい大きさに割く。

2 鍋にサラダ油を熱してクミンシードを加え、こうばしい香りが立ってきたら、ギーを加える。ギーが溶けて全体にまわったら玉ネギを加えてしんなりするまで炒める。

3 1のニンジンを加えて炒め合わせる。玉ネギが茶色く色づいたら、Aを加え混ぜる。香りが立ってきたらカリフラワーを加えて炒め合わせ、なじんだら塩を加え混ぜる。水少量（分量外）も加え、弱火にしてフタをし、カリフラワーに火が通るまで蒸し煮する。

グンドゥルックのタルカリ ドライタイプ

गुन्द्रुक

- **グンドゥルック**　20g
- **サトイモ**＊　2個（200g）
- **サラダ油**　50cc
- **赤唐辛子**（好みで）　1本以上
- **玉ネギ**（薄切り）　1個分
- **A　ターメリックパウダー**　小さじ1（2.5g）
  クミンパウダー　小さじ1（2.5g）
- **ニンニク**（すりおろし）　1かけ分（10g）
- **ショウガ**（すりおろし）　1かけ分（10g）
- **塩**　小さじ1/2
- **トマト**（角切り）　1個分
- **水**　150～300cc

＊サトイモは小イモや親イモを使ってもよく、八ツ頭に置きかえてもよい。

ネパールはサトイモの種類も豊富でおいしく、日本の小イモ、京イモ、八ツ頭、ハスイモに似たものなどもあります。グンドゥルックはイモ類と相性がよく、サトイモのほかにはジャガイモと組み合わせて同様なタルカリをつくることもあります。

1 グンドゥルックは30分間浸水してもどし（P.80「グンドゥルックのアチャール」参照）、長さ1cmに切る。サトイモは皮をむき、一口大に切る。

2 鍋にサラダ油を熱し、赤唐辛子を入れる。香りが立ったら中火で玉ネギを炒める。

3 玉ネギがキツネ色になったら1のグンドゥルックを加えて炒め合わせる。全体に油がまわったら1のサトイモを加え、Aを加え混ぜる。スパイスの香りが立ってきたら、ニンニク、ショウガ、塩を加えてよくなじませる。ニンニクとショウガの香りが立ってきたらトマトを加える。

4 トマトがやや煮くずれて全体にからんできたら、水150ccを加える。フタをして、弱めの中火でサトイモに火が通るまで煮る。途中、必要に応じて水を足す。

カトマンドゥに古くから住むネワール族の料理。もともとは「パンチャコル」という名前の伝統料理です。料理名は“5つの食材”という意味で、その名の通り5つの素材でつくるスープです。よく使われる素材は水牛、キャベツ、ジャガイモ、タケノコ、黒目豆など。ジョール（汁）タイプのタルカリで、ダルバートの中に入っていることもありますが、これだけ、もしくはチウラ（干し米・P.9）やチョエラ（P.103）を添えたりしてカジャとして食べることが多いです。また、消化を促進すると言われているため、飲酒後の締めとして食べることもあります。ネワール料理のカジャ屋にはだいたい置いてあります。

アルタマ（じゃがいも、発酵筍、黒目豆のタルカリ）

आलु तामा

- **黒目豆**　50g
- **ジャガイモ**　中2個（200g）
- **発酵タケノコの水煮**＊　100g
- **サラダ油**　大さじ2
- **フェヌグリークシード**　小さじ1/4（0.5g）
- **シナモンリーフ**　1枚
- **玉ネギ**（角切り）　1/2個分
- **ターメリックパウダー**　小さじ1（2.5g）
- **トマト**（角切り）　1個分
- **ニンニク**（すりおろし）　1/2かけ分（5g）
- **ショウガ**（すりおろし）　1/2かけ分（5g）
- **A　クミンパウダー**　小さじ1/2（1.3g）
　コリアンダーパウダー　小さじ1/2（0.9g）
　チリパウダー（またはパプリカパウダー）
　　小さじ1/6（0.3g）
- **塩**　小さじ1～1.5
- **水**　600～800cc

＊中国やネパールの食材を扱う店で入手可能。なければタケノコ水煮で代用できるが、できあがりの風味は異なる。タケノコの水煮で代用する場合は、まずタケノコをいちょう切りにし、少しの塩とレモン汁をもみこみ、常温で3～4時間おいてから使う。

1 黒目豆はひと晩浸水し、水から30分ゆでるか、圧力鍋でゆでるかしてポクポクとした状態にする。ジャガイモは皮をむき、厚めのいちょう切りにする。タケノコはいちょう切りにする。

2 鍋にサラダ油を熱してフェヌグリークシードを加える。真っ黒になったらシナモンリーフを加え、いったん火を止めて温度を下げる。

3 玉ネギを加えて中火で炒める。キツネ色に色づいたらターメリックパウダーを加えてよく混ぜながら炒める。つづけて1のジャガイモ、トマト、ニンニクとショウガを順に加え、そのつどなじむまでよく炒め合わせる。

4 フタをして弱火で約5分蒸し煮する。Aと塩を加え混ぜて炒め、香りが立ってきたら分量の水のうち600ccと1の黒目豆を加え混ぜる。ひと煮立ちさせてから弱めの中火にし、ジャガイモの端が軽くくずれるまで煮て、1のタケノコを加える。ひと煮立ちさせ、弱火で5分煮る。途中、煮詰まるようなら残りの水を適宜加える。

蕪と蕪の葉のタルカリ

सलगम

- **カブ**（葉付き）　中3個
- **サラダ油**　大さじ2
- **フェヌグリークシード**　小さじ1/2（1g）
- **A　赤唐辛子**　1本
　アジョワンシード　小さじ1/4（0.7g）
- **玉ネギ**（粗みじん切り）　1/2個分
- **ターメリックパウダー**　小さじ1/2（1.3g）
- **トマト**（角切り）　1/2個分
- **塩**　小さじ1/2～1
- **ニンニク**（すりおろし）　1/2かけ分（5g）
- **ショウガ**（すりおろし）　1/2かけ分（5g）
- **B　クミンパウダー**　小さじ1/2（1.3g）
　コリアンダーパウダー　小さじ1/2（0.9g）
- **水**　100～150cc

根菜の種類の多いネパールではカブもまたよく食べられています。このように単品でタルカリにすることは珍しく、たいていは水牛の肉と合わせます。肉の旨みがカブにしみこんでおいしいです。家庭では簡単なごはんで済ませたいときに、水牛とカブのタルカリに、ダール、白飯、アチャールを添えてダルバートとすることもあります（P.18）。

1 カブは皮をむいてくし形に切り、葉はざく切りにする。

2 鍋にサラダ油を熱し、フェヌグリークシードを加える。真っ黒になり、こうばしくて甘い香りが立ってきたら、いったん火を止めて温度を下げる。

3 Aを加えて中火にかけ、香りが立ってきたら玉ネギを加えて炒める。玉ネギがキツネ色に色づいたら1のカブを加え（葉はあとで加える）、ターメリックパウダーを加えて炒め合わせ、全体にからめる。

4 香りが立ってきたら、トマト、塩、ニンニクとショウガを順に加え、そのつど混ぜながら炒めてなじませる。

5 トマトが煮くずれて全体にからんできたら、Bを加え混ぜる。香りが立ってきたら、分量の水を足してひと煮立ちさせる。

6 カブの葉を加え、フタをして中火で約5分、カブに火が通るまで煮る。

banda

बन्दा

キャベツのタルカリ

キャベツと相性のよいクミンを
シード、パウダーの２種類使用。
シードでこうばしさを出し、
パウダーで香りを強める。→ P.46

bhanta

भन्टा

茄子のタルカリ

油のしみたトロトロの茄子に、
スパイス、ニンニク、ショウガ、トマト、
玉ネギのマサラがからむ。
→ P.46

ghiu simi

घिउसिमी

さやいんげんのタルカリ

さっと炒めてシャキシャキに仕上げた
さやいんげんに、スパイスと玉ネギがからみ、
ご飯がすすむ味わい。

→ P.47

pharsi

फर्सी

南瓜のタルカリ

南瓜をとろとろに煮て、
ポタージュ状にしたタルカリ。
ひかえめなスパイスづかいで甘みを引き出す。

→ P.47

キャベツのタルカリ

बन्दा

- **サラダ油**　大さじ 1
- **クミンシード**　小さじ 1/2（3g）
- **赤唐辛子**　1 本
- **玉ネギ**（粗みじん切り）　1/4 個分
- **キャベツ**（ざく切り）　1/4 個分（300g）
- A　**ターメリックパウダー**　小さじ 1/2（1.3g）
  クミンパウダー　小さじ 1/2（1.3g）
  塩　小さじ 1/2
- **ニンニク**（すりおろし）　1/3 かけ分（3g）
- **ショウガ**（すりおろし）　1/3 かけ分（3g）

キャベツのシャキシャキとした食感を残してさっと炒めました。タルカリはくたくたに炒め煮する人が多く、さっと炒めるという調理法は海外で生活した経験のある人などがやっている比較的新しい方法です。くたくたに炒め煮する場合はトマトを加えることもあります。こうした野菜 1 種のタルカリは品数の多いダルバートの 2 品目以降のタルカリとして盛られ、キャベツのタルカリは“サーグの代わり”的ポジションで使われることもあります。

1 フライパンにサラダ油をひいて熱し、クミンシードと赤唐辛子を入れる。香りが立ってきたら玉ネギを加え、キツネ色になるまで炒める。

2 キャベツを加えて炒め合わせ、A を加え混ぜる。香りが立ってきたら、ニンニクとショウガを加える。焦げつきそうならば水少量（分量外）を加え、フタをしてキャベツがしんなりするまで蒸し煮する。

茄子のタルカリ

भन्टा

- **ナス**　3 本
- **サラダ油**　200cc
- **玉ネギ**（粗みじん切り）　1/8 個分
- A　**ターメリックパウダー**　約小さじ 1/4（0.6g）
  クミンパウダー　約小さじ 1/4（0.6g）
  チリパウダー（好みで）　少量
- **トマト**（粗みじん切り）　1/2 個分
- **ニンニク**（みじん切り）　1/2 かけ分（5g）
- **ショウガ**（みじん切り）　1/2 かけ分（5g）
- **塩**　小さじ 1/2

1 ナスはヘタを落とし、一口大に切る。

2 鍋にサラダ油をひいて強火で熱し、1 のナスを炒める。油がなじんでナスがつやっとしてきたら余分な油は捨て、玉ネギを加えてさらに炒める。

3 玉ネギが茶色くなったら A を加え混ぜる。香りが立ってきたら残りの材料をすべて加えてしっかり混ぜる。弱火にしてフタをし、約 5 分蒸し煮する。

さやいんげんのタルカリ

घिउसिमी

- **サヤインゲン**　約2袋（200g）
- **サラダ油**　大さじ2
- **玉ネギ**（粗みじん切り）　1/4個分
- **ニンニク**（みじん切り）　1/2かけ分（5g）
- **ショウガ**（みじん切り）　1/2かけ分（5g）
- **塩**　小さじ1/3～1/2
- A　**ターメリックパウダー**　小さじ1（2.5g）
  クミンパウダー　小さじ1/2（1.3g）
  チリパウダー　小さじ1/3（0.6g）

1 サヤインゲンはヘタを落とし、食べやすい長さに切る。

2 フライパンにサラダ油をひき、玉ネギを炒める。やや色づいてきたらニンニクとショウガ、塩を加えて炒め合わせる。

3 玉ネギが濃い茶色になったらAを加え混ぜる。スパイスの香りが立ってきて全体になじんだら、1を加える。焦げつきそうならば水少量（分量外）も加える。フタをして弱火にし、サヤインゲンに火が通るまで蒸し煮する。

南瓜のタルカリ

फर्सी

- **カボチャ**　1/2個（500g）
- **サラダ油**　50cc
- **フェヌグリークシード**　小さじ1/6（0.3g）
- **クミンシード**　小さじ1/3（2g）
- **ニンニク**（みじん切り）　1/2かけ分（5g）
- **ショウガ**（みじん切り）　1/2かけ分（5g）
- A　**ターメリックパウダー**　小さじ3/4（1.9g）
  クミンパウダー　小さじ3/4（1.9g）
  水　800cc
- **塩**　小さじ1/2

1 カボチャは皮をむいて種を取り、薄くスライスする。

2 鍋にサラダ油を熱してフェヌグリークシードを加える。真っ黒になったら、火を止めてすぐにクミンシードを加え混ぜる。

3 ふたたび火をつけ、香りが立ってきたら中火にする。ニンニクとショウガを加えて炒め、ややキツネ色になってきたら1とAを加える。ひと煮立ちさせ、弱火で煮る。

4 カボチャが煮くずれてきたら、マッシャーなどで粗くつぶしてポタージュ状にする。とろみが強すぎるようなら水を足してとろとろの状態に調整し、温めなおす。塩で味を調える。

macha masu

माछा मासु

ノンベジカレー

- 肉や魚のカレー -

ネパールでは肉や魚のカレーのこともタルカリと呼ぶことがあります。ノンベジ（肉や魚）のタルカリには大きくわけると､汁気の多いジョールというタイプと、どろっと濃厚なグレイビーが具材にからんだタイプがあります。ジョールタイプはサラっとしていて、ネパールの人はそのサラっとしたカレーを白いご飯にかけて、ご飯をたっぷりと食べます。グレイビータイプはそのままご飯に混ぜて食べるほか、そこにダルをたっぷりかけて混ぜながら食べたりもします。

この本で主に取り上げているネワール族の料理で、もっともよく使われる肉は水牛。ネパールはヒンドゥー教徒の割合が高く、聖なる生きものとされている牛は基本的には食べません。全国的によく食べられているのは山羊や鶏で、豚を食べるのは山間部の一部の民族のみ。いずれの肉も適度な弾力や歯ごたえが残った状態に火入れします。特徴のある食感を好むネパール人らしい仕上げ方です。

魚も食べますが、国土が海に面していないため、もっぱら淡水魚を用います。ジョールタイプはポカラなど、北部のヒマラヤ山麓地帯周辺の清流でとれる小さめの魚でつくられることが多いです。あまりクセがない魚を使うため、生のまま丸ごと煮汁に入れて煮て、そのだしも味わいます。グレイビータイプは、南部に多い沼や池でとれる鯉や鯰でつくります。大ぶりで臭みが強い魚を使うため、下揚げしてから濃厚なグレイビーをからめるのが特徴です。ここでは、手に入りやすい海の魚を使いましたが、淡水魚が手に入るようならぜひ使ってみてください。

kukhura ko masu (jhol)

कुखुराको मासु (झोल)
チキンカレー　ジョールタイプ

骨付き肉を煮込んだ食堂の定番カレー。
骨からでただしが滋味深く、
サラッとしたスープはご飯と最高の相性。

- 玉ネギ　1/2 個
- サラダ油　大さじ 6
- 骨付き鶏モモ肉（ぶつ切り）＊　500g
- A　ターメリックパウダー　小さじ 2（5g）
  クミンパウダー　小さじ 1.5 強（4g）
  チリパウダー　適量
  コリアンダーパウダー　小さじ 1.5 強(3g)
  ガラムマサラ（P.8）　小さじ 1（3g）
  塩　小さじ 1
- トマト（粗みじん切り）　1 個分
- ニンニク（みじん切り）　2 かけ分（20g）
- ショウガ（みじん切り）　2 かけ分（20g）
- 水　600cc

＊皮を取り除く。

ネパールでは肉屋で肉を買うと、その場で骨付きのままぶつ切りにしてくれます。このチキンカレーでも鶏の骨からでるだしをあまさずに使います。

玉ネギは繊維に沿ってなるべく薄く切る。鍋にサラダ油を温め、玉ネギを加えて強火で炒める。

玉ネギのフチがこんがりと色づいてきたら鶏肉を加えて炒め合わせる。

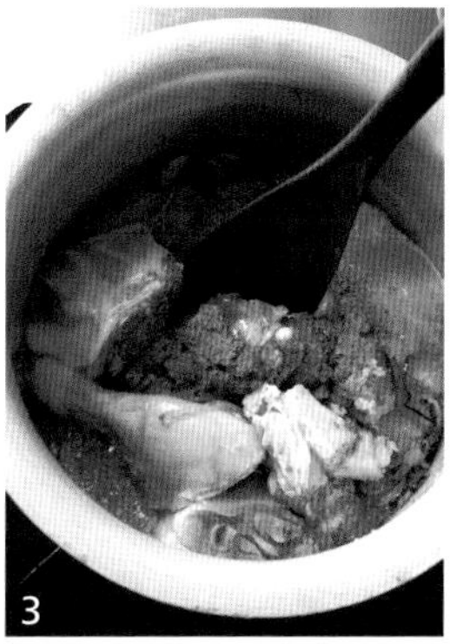

鶏肉の表面の色が変わったら A を加え、鶏肉にからめるようにして炒め合わせる。

スパイスの香りが立ってきたら、トマト、ニンニク、ショウガを加える。

全体がなじんで、やや汁気が出てくるまで炒める。

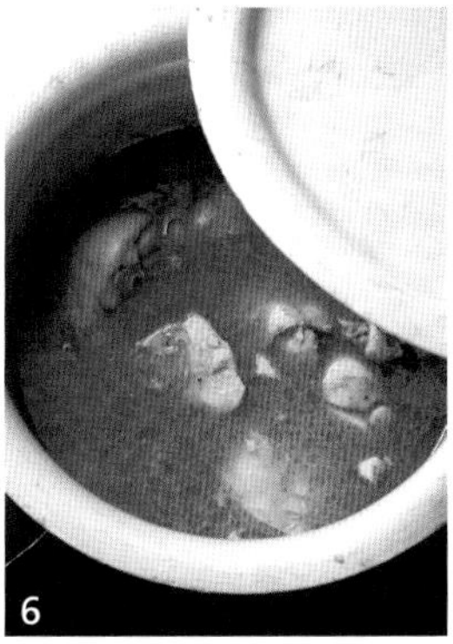

水を加えてフタをする。中火にし、肉に火が通るまで 10 ～ 15 分ほど煮る。

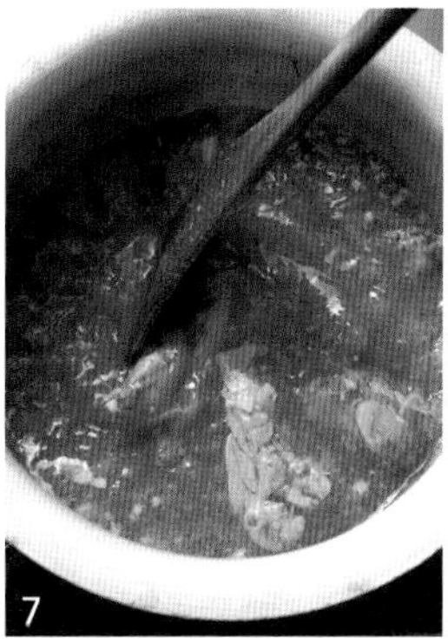

煮る間、たまにフタを開けて様子を確認し、底から返すようにして混ぜる。肉を木ベラで押すと、はね返るような弾力が出てきたらできあがり。

kukhura ko masu (gravy)

कुखुराको मासु
チキンカレー　グレイビータイプ

どろっと濃厚なグレイビーのチキンカレー。たっぷりと玉ネギを使うことでとろみがつき、旨みも強まる。

- **サラダ油**　40cc ＋ 30cc
- **玉ネギ**（粗みじん切り）　1個分
- **鶏モモ肉＊**　2枚（約500g）
- **A　ターメリックパウダー**　小さじ2（5g）
  クミンパウダー　小さじ2（5g）
  チリパウダー　少量
  ガラムマサラ（P.8）　小さじ1.5（5g）
  塩　小さじ1
- **ニンニク**（みじん切り）　大1かけ分（15g）
- **ショウガ**（みじん切り）　大1かけ分（15g）
- **トマト**（粗みじん切り）　1個

＊皮を取り除き、1枚を7～8等分に切り分ける。

リッチな味わいでうまみの強いチキンカレーです。ダルバートで食べるほか、チウラ（P.9・干し米）とともにカジャとすることも。

鍋にサラダ油40ccを熱し、弱火にして玉ネギをじっくり炒める。濃い茶色に色づいてきたらいったん火を止める。

2

別の鍋にサラダ油30ccを熱し、鶏モモ肉を強火で焦げないように気をつけながら炒める。

3

鶏肉の表面の色が変わるまで炒める。

4

3の鶏肉を油ごと1の鍋に加えて、玉ネギを鶏肉にからめながら炒める。

Aを加え混ぜて香りが立ってきたら、ニンニクとショウガを加え混ぜる。

香りが立ってきたらトマトを加え混ぜる。

7

中火にして、肉に火が通るまで10～15分炒め煮する。

macha ko jhol

माछाको झोल

小アジのフレッシュカレー

スパイスでマリネした魚を
たっぷりのショウガとともに煮た
サラサラのカレー。
魚のだしがスープに溶けて美味。

- 小アジ　8尾
- A　ターメリックパウダー　小さじ1⅔（4g）
　クミンパウダー　小さじ1⅔（4g）
　イエローマスタードシード*[1]　小さじ1/2(3g)
　ホワイトペッパーパウダー　小さじ1/2（2g）
　ニンニク（すりおろし）　1/2かけ分（5g）
　ショウガ（すりおろし）　1/2かけ分（5g）
　ブテコトリコテール（P.9）*[2]　大さじ1
　レモン汁　大さじ1
- サラダ油　60cc
- 玉ネギ（粗みじん切り）　1/3個分
- B　ターメリックパウダー　小さじ1⅔（4g）
　クミンパウダー　小さじ1⅔（4g）
　チリパウダー　少量
　ガラムマサラ（P.8）　小さじ1.5（5g）
- トマト（粗みじん切り）　1個分
- ニンニク（すりおろし）　大1かけ分（15g）
- ショウガ（すりおろし）　2かけ分（20g）
- 水　350cc
- 塩　小さじ1強
- レモン汁　小さじ2
- 香草（みじん切り）　1～2本（2g）

＊1乳鉢やすり鉢、ミルミキサーなどで挽く。
＊2なければゴマ油で代用可。なるべく深煎りのものを使うとよい。

生の魚を煮汁に入れて煮るため、くさみの少ない魚を使うのがおすすめです。小アジのほか、ワカサギ、ウグイ、アユ、マスなどでつくってもいいと思います。煮上がったら30分以上寝かせてから、ふたたび温めて食べると味がなじんでよりおいしいです。

1
小アジは頭、内臓、ゼイゴを取り除き、Aを混ぜたものに漬け、冷蔵庫にひと晩おいてマリネする（写真は漬け終わり）。

2
鍋にサラダ油を熱し、玉ネギを加えて弱めの中火で炒める。玉ネギの端が焦げてきたらBを加え混ぜる。

3
香りが立ってきたらトマトを加え混ぜる。

4
トマトが煮くずれて全体にからんだら、ニンニクとショウガを加え混ぜる。

5
全体がなじみ、香りが立ってくるまで炒め合わせる。

6
分量の水と塩を加え混ぜ、1をマリネ液ごと加える。ひと煮立ちさせ、弱めの中火で約10分煮る。

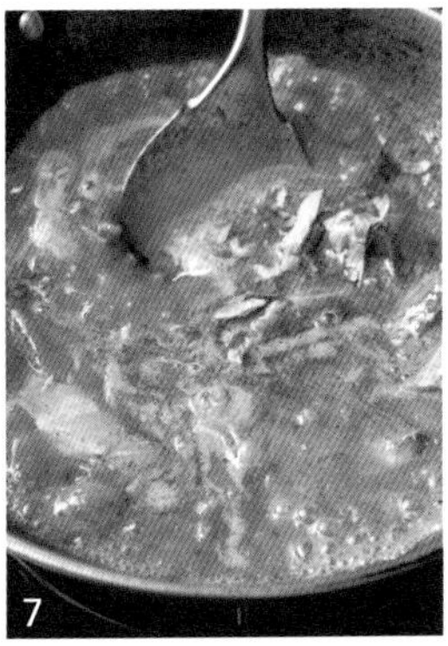
7
小アジに火が通ったらレモン汁と香菜を加え混ぜる。味をみて必要に応じてレモン汁と塩を加えて味を調える。

macha ko tarkari

माछाको तरकारी

ニシンのディープフライカレー

筒切りにしたニシンをスパイスでマリネし、
こんがりと下揚げ。
旨みととろみの強いグレイビーをからめる。

- ニシン（筒切り） 250g
- A ターメリックパウダー 小さじ 1（2.5g）
  - クミンパウダー 小さじ 1（2.5g）
  - ニンニク（すりおろし） 1/2 かけ分（5g）
  - ショウガ（すりおろし） 1/2 かけ分（5g）
  - ブテコトリコテール（P.9）*[1] 小さじ 2
  - レモン汁 大さじ 1
  - 塩 小さじ 1 〜 2
- サラダ油 100cc
- シナモンリーフ 3 枚
- 赤唐辛子 2 本
- 玉ネギ *[2] 2 個分
- B ターメリックパウダー 小さじ 2（5g）
  - クミンパウダー 小さじ 2（5g）
  - チリパウダー 少量
  - コリアンダーパウダー 小さじ 3 弱（5g）
  - ガラムマサラ（P.8） 小さじ 1.5（5g）
  - ローステッドガラムマサラ（P.8） 小さじ 1（3g）
  - ブラックペッパーパウダー 少量
  - パプリカパウダー 少量
- トマト（粗みじん切り） 2 個分
- ニンニク（すりおろし） 2 かけ分（20g）
- ショウガ（すりおろし） 2 かけ分（20g）
- 水 150cc
- サラダ油（揚げ焼き用） 適量
- 塩 小さじ 1 強

＊1 なければゴマ油で代用可。なるべく深煎りのものを使うとよい。
＊2 スライスして 1/3 の長さに切る。

サバやサワラなど、そのときどきで手に入る、
身が厚くて大きな魚を使うとよいです。

ニシンは A を混ぜたものに漬け、冷蔵庫にひと晩おいてマリネする（写真は漬け終わり）。

2
鍋にサラダ油（100cc）を入れて熱し、シナモンリーフと赤唐辛子を加える。

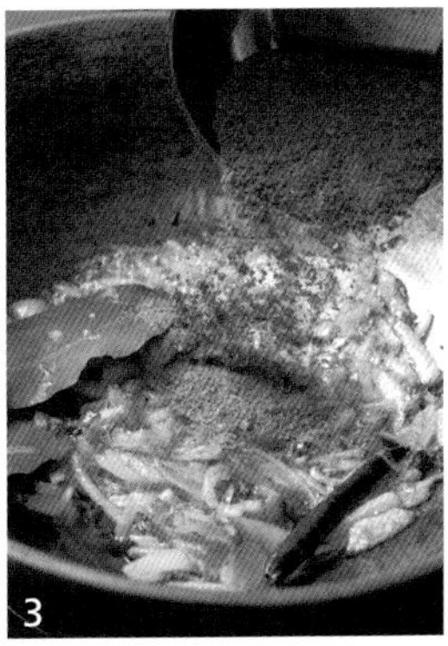

3
香りが立ってきたら玉ネギを加えて弱めの中火で炒め、茶色く色づいたら B を加え混ぜる。

4
香りが立ってきたらトマトを加え混ぜる。

トマトが煮くずれて全体にからんできたら、ニンニクとショウガを加え混ぜる。

6
香りが立ってきたら水を加え混ぜる。弱火でドロっとするまで約 20 分煮る。

7
フライパンにサラダ油（適量）を深さ 4 〜 5cm ほど入れて熱する。1 の汁気を拭き、揚げ焼きする。

8
7 の魚の油をきって 6 に加える。塩で味を調える。

khasi ko masu

खसीको मासु

山羊肉のカレー

ヤギの風味を生かすため、
多めの種類、量のスパイスを使い、香り豊かに。
肉の弾力をほどよく残して煮る。

- サラダ油　80cc
- シナモンリーフ　1枚
- 赤唐辛子　1本
- 玉ネギ（薄くスライスする）　1.5個分
- 骨付き山羊肉ぶつ切り　500g
- A　ターメリックパウダー　小さじ3.5（9g）
  クミンパウダー　小さじ3弱（7g）
  チリパウダー　少量
  コリアンダーパウダー　小さじ3.5（6g）
  ガラムマサラ（P.8）　小さじ1.5（5g）
- トマト（粗みじん切り）　2個分
- ニンニク（すりおろし）　2.5かけ分（25g）
- ショウガ（すりおろし）　2かけ分（20g）
- 水　800cc～1000cc
- ローステッドガラムマサラ（P.8）　小さじ1（3g）
- 塩　小さじ2

ネパールのヤギは沖縄のものとはちがって、匂いはもっとおだやかで、羊に近い味わいといえるかもしれません。鶏と同様に、どの食堂にでもある定番のカレー。できれば一晩ねかせてから食べたほうがおいしいです。骨付きのヤギ肉はハラル系の食材店などで輸入のものが入手できます。

1　鍋にサラダ油を熱し、シナモンリーフと赤唐辛子を加える。

2　香りが立ってきたら玉ネギを加えて、弱めの中火で茶色く色づくまで炒める。

3　山羊肉を加えて強火にし、玉ネギをからめながら肉の端がこんがりと色づくまで炒める。

4　Aを加え混ぜて香りが立つまで炒め合わせる。

5　トマトを加え混ぜて炒め合わせる。

6　トマトが煮くずれて全体にからんできたら、ニンニクとショウガを加え混ぜる。

7　香りが立ってきたら、分量の水を加え混ぜる。中火でひと煮立ちさせ、フタをして弱めの中火で1時間半煮る。

8　火を止め、ローステッドガラムマサラを加え混ぜる。ふたたびフタをしてさらに約30分煮る。塩で味を調える。

kima

कीमा

キーマカレー

ニンニクをしっかりときかせた
パンチのあるキーマ。
肉が汁気を吸うまで
しっかりと煮込んで仕上げる。

- **サラダ油**　100cc
- **シナモンリーフ**　1枚
- **玉ネギ**（粗みじん切り）　1/4個分
- **A　ターメリックパウダー**　小さじ2（5g）
  クミンパウダー　小さじ2（5g）
  チリパウダー　少量
  ガラムマサラ（P.8）　小さじ1.5（5g）
- **挽き肉**（鶏モモ肉、鶏ムネ肉、豚肉など）　500g
- **ニンニク**（みじん切り）　2かけ分（20g）
- **ショウガ**（みじん切り）　1かけ分（10g）
- **トマト**（粗みじん切り）　1/2個分
- **水**　150cc
- **塩**　小さじ1

ご飯にのせて、ダールをたっぷりとかけて食べるとおいしいです。ネワール族の食文化には水牛の挽き肉料理がいろいろあります。キーマカレーは家庭でつくられる料理で、ニンニクをしっかりときかせるのが特徴。風邪をひきそうなときや元気を出したいときにつくる養生食の一種です。日本では水牛の肉はほとんど手に入らないので、鶏ムネ肉で。ネパール料理の特徴である噛みごたえのあるしっかりとした食感がでます。ただし、脂が少なく、底が平らな鍋だと焦げやすいため、中華鍋のような底が丸い鍋でつくるのがおすすめ。肉にしっかりと汁気を吸わせて仕上げるのがコツです。

1
鍋にサラダ油を入れて熱し、シナモンリーフを入れる。

2
香りが立ってきたら玉ネギを加えて中火で炒める。玉ネギのこうばしい香りがしてきたらAを加える。

3
香りが立って全体がなじむまで炒め合わせる。

4
挽き肉を加えて木ベラで混ぜながら炒める。ざっと混ざったらニンニクとショウガを加え混ぜてさらに炒める。

5
香りが立ってきたらトマトを加え混ぜる。

6
トマトがなじんだら分量の水を加え混ぜてひと煮立ちさせる。

7
弱火にしてフタをして約10分煮る。フタをはずし、汁気がとぶまで炒める。塩で味を調える。

pork curry

पोर्क करी

ポークカレー

ターメリック、クミン、チリに加えて、
甘い香りのマサラを使い、
豚肉のほのかな甘みを引き立てる。

- サラダ油　80cc
- フェヌグリークシード　小さじ 1/4（0.5g）
- 豚ロースかたまり肉[*1]　500g
- 玉ネギ[*2]　1/4 個
- A　ターメリックパウダー　小さじ 2.5（6g）
  クミンパウダー　小さじ 2（5g）
  チリパウダー　少量
  ローステッドガラムマサラ（P.8）
  小さじ 1.5（5g）
- トマト（粗みじん切り）　1 個分
- ニンニク（すりおろし）　2 かけ分（20g）
- ショウガ（すりおろし）　2 かけ分（20g）
- 水　100cc
- 塩　約小さじ 3/4

＊1 一口大に切り、約 2g の塩をまぶして冷蔵庫でひと晩寝かせる。
＊2 スライスして、3 等分の長さに切る。

ネパールで肉というと水牛、鶏、山羊が主ですが、山間部には豚肉を食べる地域もあります。なかでもライ族やリンブー族の豚肉食文化は有名。一家に一頭は黒豚がいるというくらい、豚は彼らにとって身近な家畜です。たいていは塩のみで調理し、使うとしてもターメリックとクミンくらいなのですが、ここではカトマンドゥのネワール族がよく食べるカレーのスパイスづかいを取り入れ、さらに、豚によく合う甘い香りのマサラを入れています。

1
鍋にサラダ油を熱してフェヌグリークシードを加え、真っ黒になったら、いったん火を止めて温度を下げる。

2
豚肉と玉ネギを加えて強火にし、肉の表面の色が変わるまで炒め合わせる。

3
A を加えて中火にし、混ぜながら炒める。香りが立ってきたらトマトを加え混ぜる。

4
トマトが煮くずれて全体にからんだら、ニンニクとショウガを加え混ぜる。

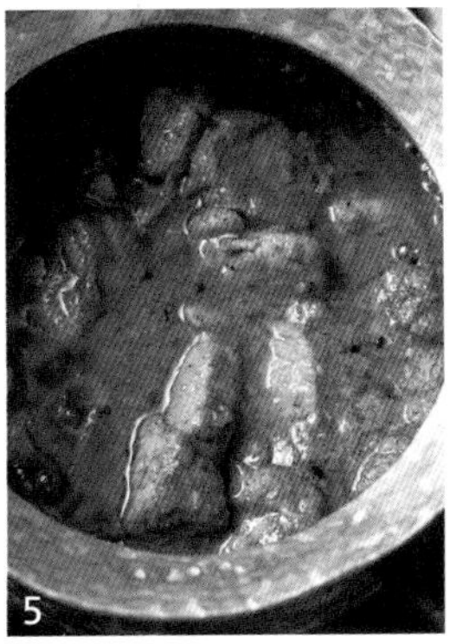
5
香りが立ってきて、全体がなじむまで炒め合わせる。

6
分量の水を加える。ひと煮立ちさせ、フタをして弱火で約 20 分煮る。

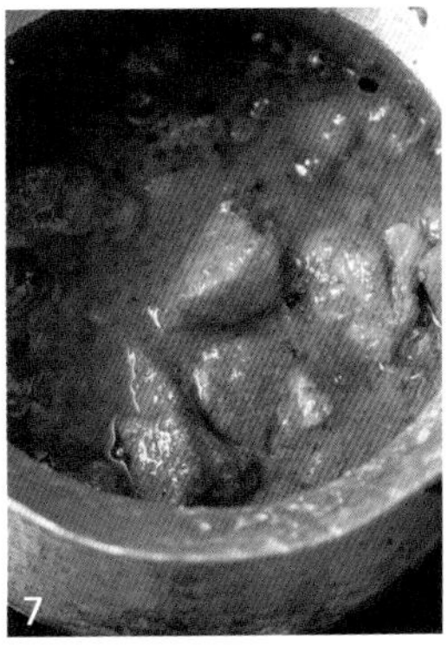
7
煮汁にとろみがついて豚肉にからんできたら塩で味を調える。

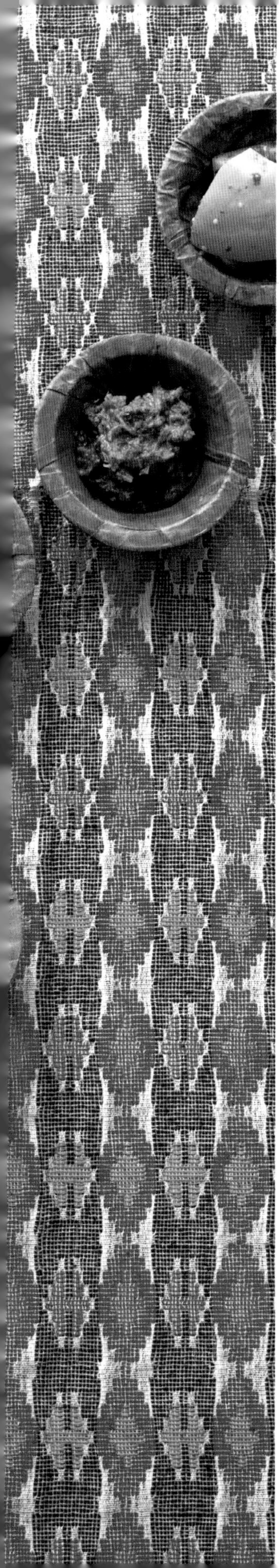

achar

अचार

アチャール

- 箸休め -

和食における漬け物に似たポジションにあるのが、ダルバートに添えられているアチャール。ダルバートを食べ飽きないようにする味と食感のアクセントです。そのため、しっかりと濃いめに味つけします。僕がアチャールの味つけのポイントだと考えるのが、塩味、酸味、辛みの３つ。それだけでもご飯が進むようにメリハリのある味にします。

ネパール料理は味つけのバリエーションが少ない分、どんなテクスチャーにするかが重要。アチャールは特にそうで、パリパリ、カリカリ、コリコリ、ポクポクなど、しっかりと特徴のある食感を出すとよいです。ペースト状のアチャールも、均等になめらかにしてしまうと味気なく、不思議とおいしく感じません。

アチャールにはいくつかタイプがあります。生野菜をさっと和え、つくりたてを食べる浅漬けタイプ、石臼やミキサーでペーストにするタイプ、スパイスとオイルに漬け込み、乳酸発酵させて酸味を出す発酵タイプ、乾煎りしてパウダー状に挽いたふりかけのようなタイプなどです。また、唐辛子やティムル（P.8）をミックスしてオイルに漬けたものや、モモのタレなど液状のものもアチャールと呼びます。ダルバートに２種以上のアチャールを添える場合、僕は異なるタイプのアチャールを盛り合わせるようにしています。

フレッシュトマトと香味野菜のアチャール
→ P.73

小さく切ったトマト、赤玉ネギ、
青唐辛子をレモン汁と香菜で和える。
サラダ感覚の軽やかなアチャール。

golbheda ko achar
गोलभेडाको अचार
トマトを煮詰めたアチャール
→ P.73

トマトをペースト状になるまで
炒めて煮詰める。
練り梅を思わせる鮮烈な酸味に加え、
凝縮された濃厚な旨みが印象的。

フレッシュトマトとティムルのアチャール
→ P.74

直火で皮目を焼いたトマトの
こうばしい匂いと酸味に
ティムルがさわやかな香りを添える。
口の中が一新される味わい。

sukaeko mula ko achar

सुकाएको मूलाको अचार

干し大根の発酵アチャール

→ P.76

天日干しした大根を
スパイス入りのオイルに漬けて
常温で発酵させる。
独特の酸味と熟成感が
たまらない。

mula ko achar

मूलाको अचार

大根のアチャール

→ P.75

塩もみした大根に
黒ゴマとスパイスをまぶし、
スパイスの香りをうつした
オイルとレモン汁で和える。
定番の一品。

sukaeko mula ko achar

सुकाएको मूलाको

干し大根のアチャール

→ P.77

拍子木切りにした大根を
2～3日間、天日干しし、
パリパリとした食感をさらに強める。
ひと手間かかったアチャール。

golbheda ra sukaeko macha ko achar

गोलभेंडा र सुकाएको माछाको अचार

トマトと干し小魚のアチャール

→ P.78

小魚の旨みがトマトの旨みと重なり、
素朴ながら味わい深い。
好みでもっとショウガを
きかせても。

golbheda ra masyaura ko achar

गोलभेंडा र मस्यौराको अचार

トマトとマショウラのアチャール

→ P.78

ふっくらと煮た
ベジミートのアチャール。
噛みしめるとトマトの
旨みがじわっとしみ出る。

発酵青菜の乾物である
グンドゥルックを
もどしてアチャールに。
噛みしめるほどに旨みが出てきて、
ご飯がすすむ。

gundruk ko achar
गुन्द्रुकको अचार

グンドゥルックのアチャール
→ P.80

alu ko achar
आलुको अचार

じゃがいものアチャール
→ P.79

ホクホクに蒸したじゃがいもに
塩味、酸味、辛みをきかせ、
スパイスと黒ゴマで和えて
アチャールに。

[illegible] achar
[illegible]स अचार

ミックスアチャール
→ P.79

大根や人参など、パリパリとした
食感の野菜をミックス。
黒ゴマの風味とチリの辛みが
味わいのアクセント。

kagati ko achar

कागतीको अचार

レモンのアチャール

→P.81

スパイス入りのオイルに漬けたレモンを
低温で短期発酵。
さわやかな香り、酸味、
皮の苦みを味わわせる。

gajar ko achar

गाजरको अचार

人参のアチャール

→P.82

ニンジンの発酵アチャール。
基本のスパイス4種に加え、
フェンネルとアジョワンで
ほのかに甘い風味を添える。

bhanta ko achar
भण्टाको अचार
焼き茄子のアチャール
→ P.82

焼きナスをすりつぶして
アチャールに。
焦げた皮のこうばしい香りが
スパイスの風味に奥行きを与える。

badam ko achar
बदामको अचार
ピーナッツのアチャール
→ P.83

ペースト状のアチャール。
ピーナッツ特有の濃厚なコクと、
赤唐辛子の辛みと香りが
口中に一気に広がる。

bhatmas ko achar
भटमासको अचार
大豆のアチャール
→ P.83

煎り大豆のこうばしさと
コリコリとした食感が楽しい。
好みでもっと辛くしたり、
もっとなめらかにしても。

香菜の独特な香りと
ミントのさわやかさが合わさり、
すっきりとした味わい。
暑い時期のダルバートに。

ミントと香菜のアチャール
→ P.84

香菜のアチャール
→ P.84

酸味と辛みをひかえ、
香菜の香りを生かしたアチャール。
青唐辛子の風味で
さわやかさを底上げする。

グリーンチリのアチャール
→ P.84

鮮やかな辛みとさわやかな香り、
唐辛子特有の旨みが印象的。
辛いのに手がのびて、
ダルバートが進む。

フレッシュトマトと香味野菜のアチャール

गोलभेंडाको अचार

- **トマト**（角切り）　1個分
- **赤玉ネギ**（粗みじん切り）　1/4個分
- **香菜**（みじん切り）　1～2本分
- **青唐辛子**（輪切り）*　1/2本分
- **塩**　小さじ3/4
- **レモン汁**　大さじ1

ネパールではあまり一般的なアチャールではありませんが、簡単につくれるので時間がないときに便利です。

＊辛いものが苦手であればシシトウを使ってもよい。

トマト、赤玉ネギ、香菜、青唐辛子をボウルに入れ、塩とレモン汁を加える。

スプーンで混ぜる。

よく混ざったら、味をみて必要であれば塩とレモン汁を足して調整する。

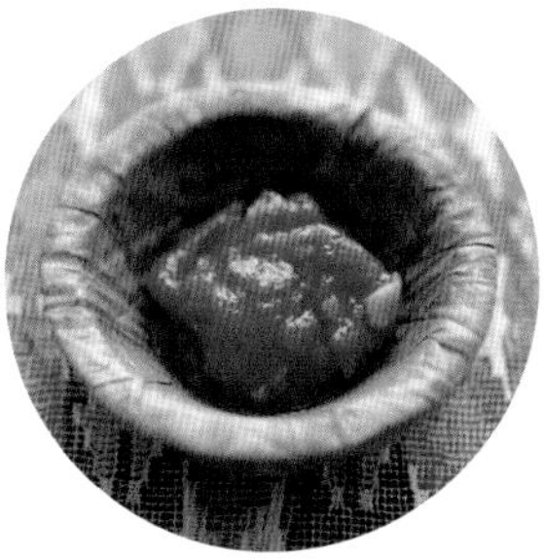

トマトを煮詰めたアチャール

गोलभेंडाको अचार

- **トマト**　1個
- **ニンニク**（すりおろし）　1/2かけ分（5g）
- **レモン汁**　小さじ1
- **塩**　約小さじ1/2
- **ティムル***　ひとつまみ（1g）

＊ P.74の「フレッシュトマトとティムルのアチャール」の工程3～4を参考にしてすりつぶす。

タカリ族のアチャールです。ハッキリした味なので、ごはんにもよく合います。レモン汁で酸味を足して味にメリハリをつけるのがポイント。塩はしっかりときかせたほうがおいしいです。

トマトはざく切りにして、フライパンに入れる。中火にかけて木ベラでつぶしながら水分をとばす。

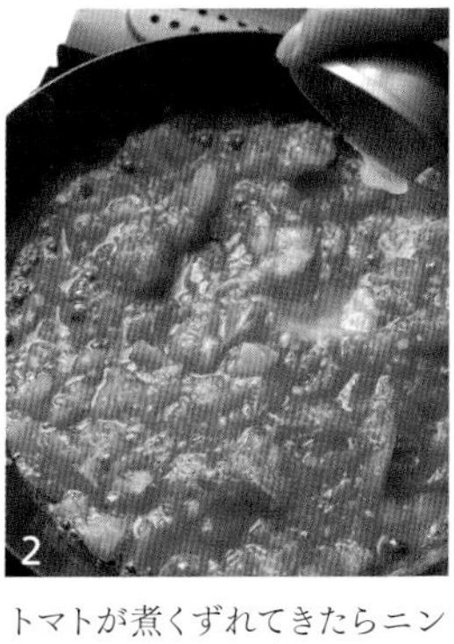

トマトが煮くずれてきたらニンニクを加え混ぜる。辛くしたいときはここでチリパウダー（少量・分量外）を加える。

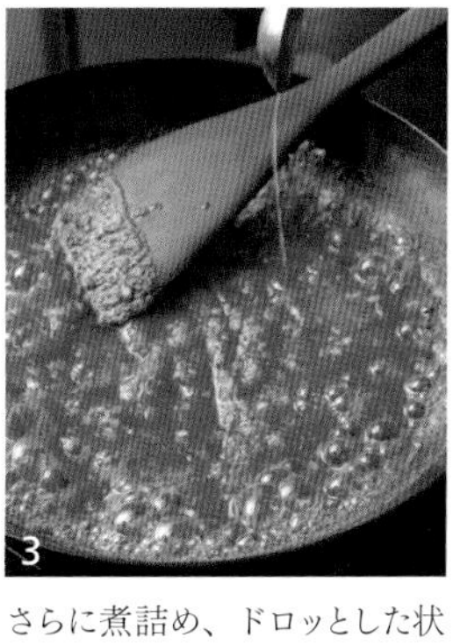

さらに煮詰め、ドロッとした状態になったらレモン汁を加える。

ふたたびドロッとした状態になったら塩を加えて味をととのえる。火を止め、ティムルを加え混ぜる。

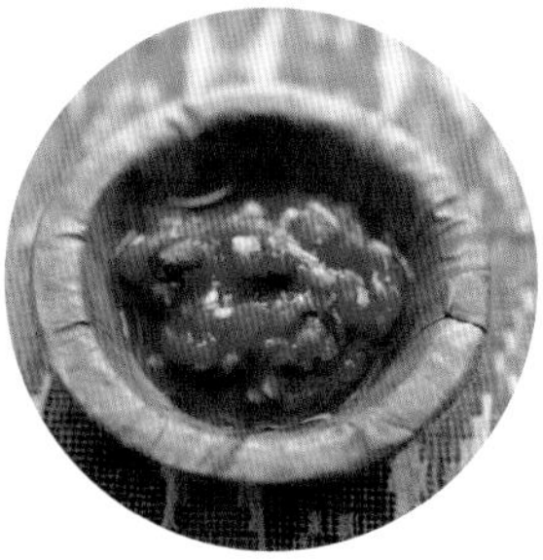

フレッシュトマトとティムルのアチャール

गोलभेंडाको अचार

- トマト　1個
- ティムル　ひとつまみ（1g）
- 香菜　1～2本（3.5g）
- 塩　ひとつまみ（1g）
- レモン汁　小さじ 1/3（1.5g）

トマトの酸味とティムルの香りがさわやかで、ダルバートについていると個人的には一番うれしいアチャールがこれです。ミキサーでつくるとほんとにおいしくない（笑）。必ずすり鉢や石臼を使うか、指先ですりつぶしてつくってください。

1 トマトは半分に切ってヘタを取り、網にのせて直火で皮に焦げ目がつくまで炙る。

2 手で皮をざっとむく。

3 乳鉢やすり鉢、ミルミキサーなどでティムルをすりつぶす。

4 これくらいの粗さにつぶす。

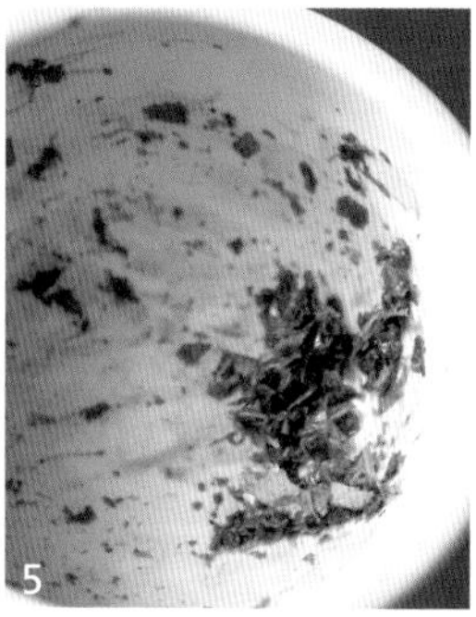

5 香菜はみじん切りにして乳鉢やすり鉢に入れ、粗いペースト状にすりつぶす。乳鉢やすり鉢がなければ包丁でペースト状になるまで叩く。

6 2 のトマトを指先をすり合わせるようにしてつぶす。

7 4 のティムルと、5 の香菜、塩、レモン汁を加え、6 と同様にすり混ぜる。

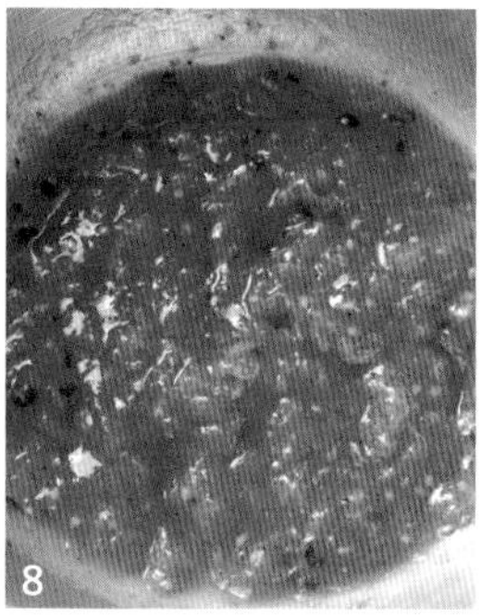

8 よく混ざったら、味をみて必要であれば塩とレモン汁を足して調整する。

ネパールではシロウタという石臼を使って、トマト、ティムル、香菜をそれぞれすりつぶして混ぜ合わせます。シロウタを使うと、なめらかでありながら、ほどよく食感が残ったテクスチャーに仕上がります。フードプロセッサーやミキサーを使うとなめらかになりすぎて、薄っぺらい味わいに。シロウタが手に入らない日本では手でつぶしてつくるのがベストです。

大根のアチャール

मूलाको अचार

- **大根**　皮をむいた状態で 150g
- **塩＊**　約 4g
- **A　黒すりゴマ**　大さじ 1.5（7g）
  - **レモン汁**　小さじ 1 強
  - **クミンパウダー**　小さじ 2/5（1g）
  - **チリパウダー**　小さじ 1/2 弱（1g）
- **サラダ油**　大さじ 1
- **フェヌグリークシード**　小さじ 1/4（0.5g）
- **ターメリックパウダー**　ひとつまみ

＊総重量の 2.5％がおいしくつくるための目安。

トマトと並んで大根はアチャールの定番。中でも、この生の大根を塩もみしてからゴマとスパイスで和えるスタイルはもっともよく見かけるスタイルです。キャベツ、ゴーヤ、ニンジン、キュウリなど、生食できてパリパリとした食感のある野菜なら、この味つけでなんでもアチャールにします。

大根は拍子木切りにしてボウルに入れ、塩をふって手でぎゅうぎゅうとしっかりにぎってもみ込む。30 分おく。

汁気を捨て、A を加える。

小鍋にサラダ油を熱してフェヌグリークシードを加え、真っ黒になったら、いったん火を止めて温度を下げる。

火を止めたまま、ターメリックパウダーを加え混ぜる。

香りが立ったら、2 に油ごと加える。

1 と同様にしっかりとにぎってもみ込む。味をみて必要であれば塩とレモン汁を足して調整する。

干し大根の発酵アチャール

सुकाएको मूलाको अचार

＜容量 400ml の保存瓶 1 個分＞

- A　ブラウンマスタードシード　10g
  ターメリックパウダー　1.5g
  クミンパウダー　1g
  チリパウダー
  （またはパプリカパウダー）　1g
  コリアンダーパウダー　1g
- 干し大根＊　100g
- サラダ油　大さじ 1+ 適量（50 ～ 60g）
- フェヌグリークシード　ひとつまみ（0.5g）
- 塩　4g

＊「干し大根のアチャール」（右ページ）と同様にして、大根を干したもの。

生の大根でもつくりますが、干した大根のほうがパリパリ感が強くておいしいです。食堂でこれが出てくると「おっ!」と思います。たまに瓶詰で売られていたりもします。発酵に失敗しないため、瓶はしっかり殺菌してください。オイルも含めた全体の総量に対して塩分濃度が3%以上だと安全ですが、おいしいのは 2.5%程度。おいしそうな酸っぱい香りがしたら成功ですが、嫌な匂いがしたら腐敗しているので捨ててください。うまく発酵すれば、冷蔵庫で 3 ヵ月ほど保存可能です。

1
A のブラウンマスタードシードは使う直前にすり鉢かミルミキサーですりつぶしておく。

2
ボウルに干し大根と A を入れる。

3
小さなフライパンか小鍋にサラダ油（大さじ 1）を熱してフェヌグリークシードを加え、真っ黒になったら、2 に加える。

4
塩も加え、手でぎゅうぎゅうとしっかりにぎってもみ込む。味をみて、ややしょっぱいくらいの塩加減に調整する。

5
消毒した瓶に 4 を詰め、サラダ油（適量）をひたひたに注ぐ。

写真のように油が大根を覆った状態にする。

7
2 週間ほど常温におき、毎日 2 ～ 3 回上下を返す。

8
できあがり。異臭がするなら腐っているので捨てること。冷蔵庫で約 6 ～ 8 週間保存可能。

左ページに記載した分量は干した大根100gを使い、容量400mlの瓶を使ってつくる場合の分量です。大根の重量が増減する場合は、それに応じてスパイスの量を調整します。干した大根に対する割合は右記の通りです。また、瓶の大きさが変わると、油の量を増やさないと油の表面から大根が出てしまい、腐敗の原因となります。油の量を増やす場合は、右記を参考にして、増やした油の量に応じて塩も増やしてください。

-A ブラウンマスタードシード　10%
　ターメリックパウダー　1.5%
　クミンパウダー　1%
　チリパウダー（またはパプリカパウダー）　1%
　コリアンダーパウダー　1%
- サラダ油（テンパリング用）　干した大根100gに対して大さじ1
- フェヌグリークシード　干した大根100gに対してひとつまみ
- 塩　干した大根＋サラダ油（漬け込み用）の重量の2.5～3%
- サラダ油（漬け込み用）　干した大根＋Aの重量の約50%

干し大根のアチャール

सुकाएको मूलाको अचार

- 大根　皮をむいた状態で200g
- A　塩　干し大根の重量の2%
　レモン汁　小さじ2
　黒すりゴマ　大さじ1
　ブテコトリコテール（P.9）[*1]　少量
　青唐辛子（またはシシトウ）[*2]　2本
　ターメリックパウダー　小さじ1/2（1.3g）
　クミンパウダー　小さじ1/4（0.6g）
- サラダ油　大さじ1
- フェヌグリークシード　ひとつまみ（0.5g）

ネパール人はかたくて食感がはっきりしたものが好きなので、干し野菜のアチャールは家庭ではよくつくられています。手間がかかるからか、食堂ではあまり見かけません。

＊1 なければゴマ油で代用可。なるべく深煎りのものを使うとよい。
＊2 斜めに2～3等分に切る。

1 大根は拍子木切りにし、ザルにのせて夏季は1～2日間、冬季は2～3日間、天日干しする。重量が100～120gになったら使う。

2 1をボウルに移し、Aを加える。

3 小さなフライパンか小鍋にサラダ油を熱してフェヌグリークシードを加え、真っ黒になったら、2のボウルに加える。

4 手でぎゅうぎゅうとしっかりにぎってスパイス類をもみ込む。味をみて必要であれば塩とレモン汁を足して調整する。

トマトと干し小魚のアチャール

गोलभेंडा र सुकाएको माछाको अचार

- サラダ油　50ml
- フェヌグリークシード　小さじ 1/4（0.5g）
- 干し小魚[*1]　50g
- 玉ネギ（薄くスライスする）　1/2 個分
- ターメリックパウダー　小さじ 2（5g）
- ニンニク（スライス）　1/2 かけ分（5g）
- トマト（粗みじん切り）　2 個分
- A　ショウガ（スライス）　1 かけ分（10g）
  クミンパウダー　小さじ 2（5g）
  コリアンダーパウダー　小さじ 1.5（3g）
- B　塩　約小さじ 1
  レモン汁　約大さじ 1
  香菜（みじん切り）　適量
  青唐辛子（またはシシトウ）[*2]
  1 本

＊1 そのまま食べるタイプの煮干しなど、小さいものを使用。
＊2 輪切りにする。

1 フライパンにサラダ油を熱してフェヌグリークシードを加え、真っ黒になったら、ザルでこしてフェヌグリークは捨て、油のみをフライパンに戻す。

2 干し小魚を加えて中火にかけ、こうばしい香りがするまで炒める。ザルでこして干し小魚は取っておく。油はフライパンに戻し入れる。

3 玉ネギを加えて中火で炒める。しんなりしてきたらターメリックパウダーを加え混ぜ、ニンニクも加えて炒め合わせる。

4 ニンニクの香りが立ってきたらトマトを加え、混ぜながら煮詰める。

5 ドロッとしてきたら、A を加え混ぜる。香りが立ってきたら、2 で取っておいた干し小魚を戻し入れる。B を加えてひと煮立ちさせる。

トマトとマショウラのアチャール

गोलभेंडा र मस्यौराको अचार

- ベジミート　30g
- サラダ油　大さじ 2
- フェヌグリークシード　小さじ 1/4（0.5g）
- 玉ネギ（粗みじん切り）　1/2 個分
- ニンニク（すりおろし）　1/2 かけ分（5g）
- ショウガ（すりおろし）　1/2 かけ分（5g）
- A　ターメリックパウダー　小さじ 1（2.5g）
  クミンパウダー　小さじ 1/2（1.3g）
  チリパウダー　小さじ 1/3（0.6g）
- トマト（粗みじん切り）　3 個分
- 塩　小さじ 1

1 ベジミートは 20 ～ 30 分浸水し、軽く絞って 2 ～ 3 等分に切る。

2 鍋にサラダ油を熱してフェヌグリークシードを加え、真っ黒になったら、いったん火を止めて温度を下げる。

3 玉ネギを加えて中火で炒める。しんなりしてきたらニンニクとショウガを入れる。香りが立ってきたら A を加え混ぜる。スパイスの香りが立ってきたらトマトと塩を加えて炒め合わせる。

4 トマトが煮くずれて、全体にからんだらベジミートを加えて火が通るまでさらに煮る。ベジミートがふわっとしてジューシーな食感になったら煮上がり。

ミックスアチャール

मिक्स अचार

ネワール料理の定番アチャールです。家庭でも料理店でもよく食べられており、日常食からごちそうまで、さまざまな場面で見かけます。「サーノ ケラウ（सानो केराउ / sano kerau）」というエンドウ豆の一種の生食できる若い状態のものや、乾燥豆をもどしたものを入れることも多いです。

- 大根（拍子木切り） 30g
- ニンジン（拍子木切り） 30g
- キャベツ（太めのせん切り） 20g
- 赤玉ネギ（スライス） 20g
- 青唐辛子（斜め小口切り） 適量
- A 黒すりゴマ 大さじ山盛り 1（15g）
  レモン汁 大さじ 1.5 ～ 2
  ニンニク（みじん切り） 1 かけ分（10g）
  ショウガ（みじん切り） 1/2 かけ分強（6g）
  香菜（みじん切り） 適量
  ターメリックパウダー 小さじ 1/4（0.6g）
  クミンパウダー 小さじ 1/4（0.6g）
  チリパウダー（好みで） 少量
  パプリカパウダー 小さじ 1/4（0.5g）
  コリアンダーパウダー 小さじ 1/4（0.5g）
  ブテコトリコテール（P.9）＊ 小さじ 1
  塩 小さじ 1/2
- サラダ油 大さじ 1.5
- フェヌグリークシード ひとつまみ（0.5g）

＊なければゴマ油で代用可。なるべく深煎りのものを使うとよい。

ボウルに野菜をすべて入れ、A を加える。

小鍋にサラダ油を熱してフェヌグリークシードを加え、真っ黒になったら、1 のボウルに加える。

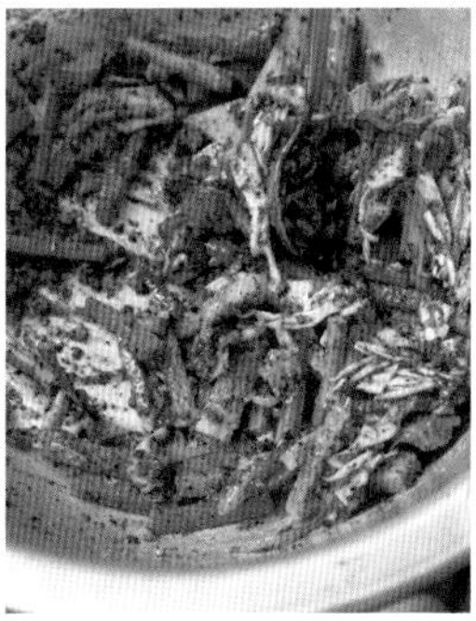

スプーンでよく混ぜる。味をみて、必要であれば塩を足して調整する。

じゃがいものアチャール

आलुको अचार

- ジャガイモ 中 3 個（200g）
- A 黒すりゴマ 30g
  レモン汁 大さじ 1
  クミンパウダー 小さじ 1/2（1.3g）
  チリパウダー 小さじ 1/5（0.4g）
  コリアンダーパウダー 小さじ 1/2(0.9g)
- サラダ油 大さじ 2
- フェヌグリークシード 小さじ 1/4（0.5g）
- ターメリックパウダー 小さじ 1/2（1.3g）
- 塩 小さじ 1/2

1 ジャガイモは皮をむき、ひと口大に切る。蒸し器で、竹串がすっと通るまでやわらかく蒸す。

2 ボウルに 1 のジャガイモと A を入れて混ぜる。

3 小鍋にサラダ油を熱してフェヌグリークシードを加え、真っ黒になったら、火を止めて温度を下げる。

4 3 にターメリックパウダーを加え混ぜ、香りが立ってきたら 2 のボウルに加えてよく混ぜる。塩で味を調える。

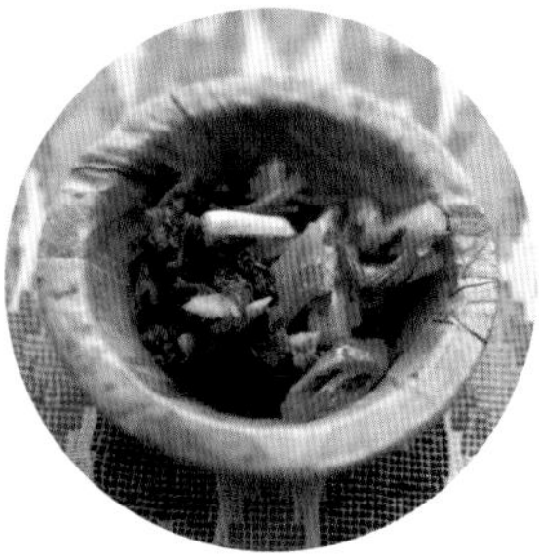

グンドゥルックのアチャール

गुन्द्रुकको अचार

- グンドゥルック（P.8） 25g
- 赤玉ネギ[*1] 1/4個
- ニンニク（みじん切り） 1/2かけ分（5g）
- ショウガ（みじん切り） 1/2かけ分（5g）
- 青唐辛子（またはシシトウ。輪切り） 1本分
- 香菜（みじん切り） 適量
- 塩 小さじ1/4
- レモン汁 小さじ2強
- ブテコトリコテール（P.9）[*2] 大さじ1.5
- クミンパウダー 小さじ1/3（0.8g）
- コリアンダーパウダー 小さじ1/3（0.6g）
- チリパウダー（好みで） 適量
- パプリカパウダー 小さじ1/3（0.6g）

＊1 スライスし、半分の長さに切る。
＊2 なければゴマ油で代用可。なるべく深煎りのものを使うとよい。

定番アチャールのひとつです。グンドゥルックはもともとは庶民の保存食でしたが、ネパール独自の食文化として近年見直され始めており、最近ではちょっといいレストランのダルバートには必ず入っています。ネパールではチリパウダーをたっぷり入れて辛くしますが、ここでは食べやすいようにパプリカパウダーに置きかえ、チリは好みで加えていただくレシピにしました。辛みの調整はお好みで。

グンドゥルックは30分間浸水する。写真上は乾燥状態、下はもどしたもの。

軽くしぼって水気をきる。

調理バサミで細かく切る。

そのほかの材料をすべて加える。

指先をすり合わせるようにして野菜にスパイスをもみ込む。味をみて必要であれば塩とレモン汁を足して調整する。

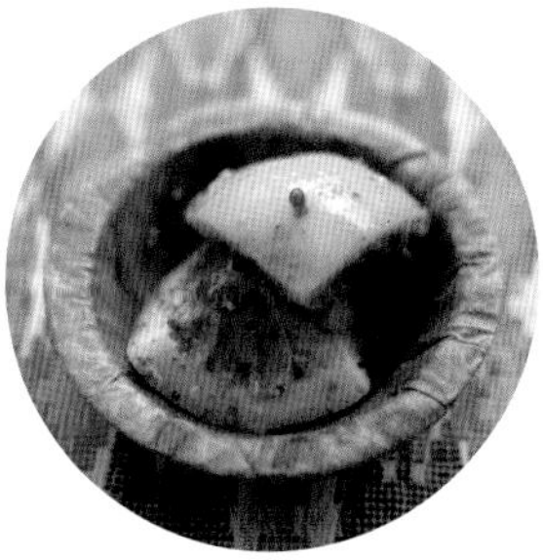

レモンのアチャール

कागतीको अचार

＜容量 400ml の保存瓶 1 個分＞

- レモン（無農薬栽培のもの） 3 個
- 塩　レモンの重量の 4%
- A　ブラウンマスタードシード　約 8g
  クミンパウダー　小さじ 1/4（0.6g）
  チリパウダー　小さじ 1/4（0.2g）
  ガラムマサラ（P.8）
  小さじ 1/4（0.8g）
- サラダ油　大さじ 1 + 100cc
- フェヌグリークシード　小さじ 1/4（0.5g）

時間をかけてしっかり発酵させるねっとりしたタイプもありますが、これはレモンのさわやかさや皮の歯ごたえを残す短期熟成レシピです。早めに食べるのがおすすめ。発酵の際は「干し大根の発酵アチャール」（P.76）と同様に瓶の殺菌と塩分濃度に気をつけて、発酵に失敗した場合は捨ててください。

レモンは丸のまま、水から 2 回ゆでこぼす。

冷ましてひと口大に切り分け、重量を測る。4%の塩を加える。

A のブラウンマスタードシードは乳鉢やすり鉢、ミルミキサーで粗くすりつぶす。

2 に A を加える。

小鍋にサラダ油（大さじ 1）を熱してフェヌグリークシードを加え、真っ黒になったら、4 に加える。

スプーンでよく混ぜる。粗熱がとれるまで常温におく。

消毒した瓶に 6 を詰め、サラダ油（100cc）をひたひたに注ぎ、写真のように油がレモンを覆った状態にする。

冷蔵庫に一週間おき、毎日 2 ～ 3 回上下を返す。冷蔵庫で約 6 週間保存可能。

人参のアチャール

गाजरको अचार

- ニンジン（拍子木切り）　中2本分
-A　塩　ニンジンの重量の3%
　レモン汁　大さじ1
　ニンニク（すりおろし）　1/2かけ分（5g）
　ショウガ（すりおろし）　1/2かけ分（5g）
　クミンパウダー　小さじ1/3（0.8g）
　チリパウダー　小さじ1/4（0.5g）
　コリアンダーパウダー　小さじ1/3（0.8g）
　フェンネルパウダー　小さじ1/4（0.6g）
　アジョワンシード*　ひとつまみ
　サラダ油　100cc
- サラダ油　大さじ2
- フェヌグリークシード　小さじ1/4（0.5g）
- ターメリックパウダー　小さじ1（2.5g）

*ミルミキサーで挽いて粉末状にする。アジョワンパウダーが手に入ればそれを使ってもよい。

1 ボウルにニンジンとAを入れて混ぜる。

2 小鍋にサラダ油を熱してフェヌグリークシードを加え、真っ黒になったら、火を止めて温度を下げる。

3 2にターメリックパウダーを加え混ぜ、香りが立ってきたら1のボウルに加える。よく混ぜる。

4 消毒した瓶に詰める。冷蔵庫に約1週間おき、毎日2～3回上下を返す。冷蔵庫で約6週間保存可。

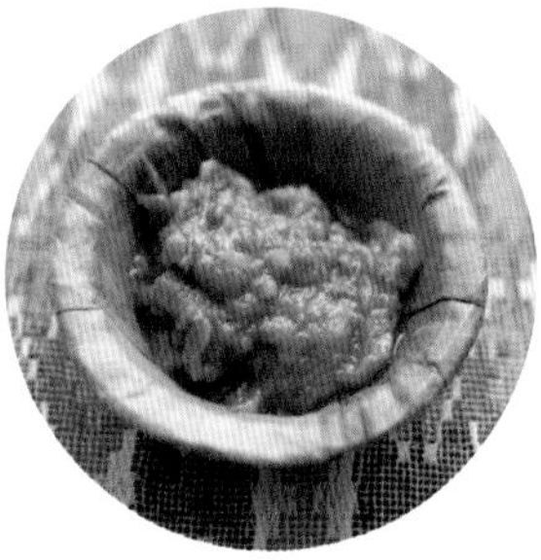

焼き茄子のアチャール

भन्टाको अचार

- ナス　3本
- A　ニンニク（すりおろし）　1/2かけ分（5g）
　ショウガ（すりおろし）　1/2かけ分（5g）
　ブテコトリコテール（P.9）*
　　小さじ1（2g）
　塩　小さじ1/2～1
- サラダ油　大さじ1
- 赤唐辛子　2本

*なければゴマ油で代用可。なるべく深煎りのものを使うとよい。

1 ナスは網の上で返しながら直火焼きする。皮がすべて黒く焦げたらバットなどに移して冷まし、皮をむいてヘタを取り除く。

2 1を大まかに切り分け、すり鉢でざっとする。Aを加え混ぜる。

3 フライパンにサラダ油を熱し、赤唐辛子を加える。香りが立ってきたら2に加え混ぜる。

ネワール料理以外ではあまり見かけません。焼きナスならではの皮の焦げたこうばしさに、焙煎したマスタードシードを絞ってつくるオイル「ブテコトリコテール」のこうばしさやニンニクとショウガの香りが加わった、香り豊かなアチャールです。このアチャールも「フレッシュトマトとティムルのアチャール」（P.74）と同様にシロウタ（石臼）でつくると、ほどよいテクスチャーになっておいしいです。

ピーナッツのアチャール

बदामको अचार

- サラダ油　大さじ 1
- 赤唐辛子　1 本
- ピーナッツ　100g
- A　ニンニク（すりおろし）
  1/5 ～ 1/3 かけ分（2 ～ 3g）
  ショウガ（すりおろし）
  1/5 ～ 1/3 かけ分（2 ～ 3g）
  クミンパウダー　小さじ 1/2（1.3g）
  塩　小さじ 1/2 ～ 1
  水　100cc
- B　ブテコトリコテール（P.9）*　小さじ 1
  レモン汁　小さじ 2
  香菜（みじん切り）　ひとつまみ

＊なければゴマ油で代用可。なるべく深煎りのものを使うとよい。

1 フライパンにサラダ油を熱し、赤唐辛子を加える。香りが立ってきたらピーナッツを加える。こうばしい香りが出るまで中火で炒める。

2 A を加えて中火で約 5 分煮る。ボウルに移して冷まし、B とともにミキサーでペースト状にする。

大豆のアチャール

भटमासको अचार

- 大豆　100g
- A　ニンニク（すりおろし）　1/2 かけ分（5g）
  ショウガ（すりおろし）　1/2 かけ分（5g）
  塩　小さじ 1/2 ～ 1
  ブテコトリコテール（P.9）*　小さじ 1
- サラダ油　大さじ 1
- 赤唐辛子　1 本

＊なければゴマ油で代用可。なるべく深煎りのものを使うとよい。

1 大豆はフライパンで乾煎りする。全体が茶色くなったら火から下ろして冷ます。ミルミキサーでやや粗めに挽く。

2　すり鉢に 1 と A を入れる。

3 フライパンにサラダ油を熱し、赤唐辛子を加える。香りが立ってきたら 2 に加え混ぜる。

水分が少ないため、2 ～ 3 日もちます。濃厚な味わいなので、さっぱりとした水牛のカレーによく合います。

ミントと香菜のアチャール

बाबरी र धनियाको अचार

- A　香菜（ざく切り）　40g
  ミントの葉　1 パック分
  玉ネギ（粗みじん切り）　1/8 個分
  ニンニク（みじん切り）　1/2 かけ分（5g）
  青唐辛子（またはシシトウ）　1 本
- B　クミンパウダー　ひとつまみ
  レモン汁　小さじ 2
  塩　小さじ 1

1 A をフードプロセッサーに入れてきざむ。すり鉢に移してペースト状になるまでする。

2 B を加え混ぜる。

香菜のアチャール

धनियाको अचार

- A　香菜（みじん切り）　100g
  ミニトマト（細かくきざむ）　2 個分
  青唐辛子（小口切り）　1 本分
  クミンパウダー　小さじ 1/3（0.8g）
  塩　小さじ 1/2
- レモン汁　小さじ 1/2

1 A をすり鉢に入れ、レモン汁を少しずつ加えながらペースト状になるまでする。

グリーンチリのアチャール

हरियो खुर्सानीको अचार

- 青唐辛子（またはシシトウ）　8 本
- 塩　小さじ 1
- レモン汁　小さじ 3
- クミンパウダー　小さじ 1/3（0.8g）
- コリアンダーパウダー　小さじ 1/2（0.9g）

1 青唐辛子は小口切りし、すり鉢で粗いペースト状になるまでする。

2 そのほかの材料を加えてよくすり混ぜる。

一番好きなアチャールです。何に添えてもおいしくて、「セクワ」（P.102）などの肉のカジャ、パコラ（ネパールの天ぷら）、ゆで卵にも合います。

saag

साग

サーグ

- 青菜のスパイス炒め -

サーグは青菜のこと。青菜の炒めもののことは正式にはブテコサーグといいますが、略してサーグとも呼びます。ネパールで、もっともよく食べられている青菜はほうれん草とマスタードリーフ（からし菜）ですが、それに限らず、旬のものが使われます。高菜はちょっと高いからか、家庭よりも食堂でよく見かけます。チンゲン菜は最近になって食べるようになった野菜で、チャイニーズサーグと呼ばれています。

サーグのごくオーソドックスなつくり方は、クミンシードと赤唐辛子をスタータースパイスとして使い、ニンニクを炒めてから青菜を加えるという方法ですが、クミンパウダーやターメリックパウダーを加えることもあります。ショウガを使うことはあまりありませんが、加えると味わいがカレーっぽくなります。また、きざんだトマトを加えるとよりリッチな味わいに。逆に、ごくごくシンプルに塩だけで炒めることもあります。僕は、ダルバートとして食べたときにバランスがよいよう、タルカリやノンベジ、アチャールの味わいや塩味の強さに応じて、サーグの味つけを決めます。

ここではネパールでもよく食べられている青菜を取り上げ、さまざまなサーグのつくり方をご紹介します。どのレシピも青菜を別のものに置き換えてつくることができます。

chamsur palungo

चम्सुर पालुङ्गो
ほうれん草とクレソンのサーグ

ほうれん草とクレソンを合わせた青菜炒め。
ニンニク、ショウガ、クミン、
ターメリックでカレー風味に味つけ。

- **サラダ油**　大さじ1
- **ニンニク**（みじん切り）　1/5 かけ分（2g）
- **ショウガ**（みじん切り）　1/5 かけ分（2g）
- **ホウレン草**（長さ 4 ～ 5cm に切る）　1 束分
- **クレソン**（長さ 4 ～ 5cm に切る）　1 束分
- A　**ターメリックパウダー**　小さじ 1/3（0.8g）
  クミンパウダー　小さじ 1/3（0.8g）
  塩　小さじ 1/3

ネパールではほうれん草をサーグにするときには、「チャムスル(चम्सुर /chamsur)」というガーデンクレスの一種を合わせるのが一般的。ここでは日本でも入手しやすく、味わいの近いクレソンを使いました。

中華鍋にサラダ油をひいて強火で熱し、ニンニクとショウガを加えて炒める。

香りが立ってきたらホウレン草とクレソンを加える。

油が全体にまわるまで混ぜながら炒めたら、中火にしてAを加えてさらに炒め合わせる。

全体が鮮やかな色合いになり、ややくたっとしたら火から下ろす。

ほんのり辛みのあるからし菜には、
ニンニクとクミンシードに加え、
ターメリックで力強い風味を足す。

菜の花のサーグ

→ P.92

高菜のサーグ
→ P.93

チンゲン菜とディルのサーグ
→ P.92

ネパールではもっとも一般的な高菜のサーグ。
ニンニクと赤唐辛子のみで炒める
シンプルな仕立てで。

みずみずしいチンゲン菜を
クミンシードと赤唐辛子でこうばしく。
ニンニクは使わず、ディルの香りを生かす。

菜の花のサーグ

तोरीको साग

- サラダ油　大さじ 1.5
- クミンシード　小さじ 1/2（3g）
- ニンニク（みじん切り）　ひとつまみ
- 菜ノ花　1 束
- ターメリックパウダー　小さじ 1/3（0.8g）
- 塩　小さじ 1/3

1 中華鍋にサラダ油をひいて強火で熱し、クミンシードを加える。香りが立ってきたらニンニクを加える。

2 ニンニクがキツネ色になったら菜ノ花、ターメリックパウダー、塩を加えて中火にする。菜ノ花の色が鮮やかになるまで約 5 分炒める。

チンゲン菜とディルのサーグ

बक चोय र सोयाको साग

- サラダ油　大さじ 2
- 赤唐辛子　1 本
- クミンシード　小さじ 1/2（3g）
- ヒング*　小さじ 1/4
- チンゲン菜（長さ 4 ～ 5cm に切る）　1 束
- 塩　小さじ 1/3
- ディル　約 3g

＊アサフェティダというセリ科の植物の茎からつくるパウダースパイス。クセのある強烈な匂いがあるが加熱するとこうばしい風味になる。

ヒングはネパールではあまり使いませんが、原料のアサフェティダはディルと同じくセリ科の植物なので相性がよく、風味を加えるために入れてみました。

1 中華鍋にサラダ油をひいて強火で熱し、赤唐辛子とクミンシードを入れる。

2 香りが立ってきたらヒングを加えて炒める。ヒングの香りが立ってきたらチンゲン菜と塩を加え、全体に油がまわるまで混ぜながら炒める。

3 チンゲン菜の根元の部分にやや火が入ってきたらディルを加え混ぜる。ディルの香りが立ったら火を止める。

高菜のサーグ

रायोको साग

- サラダ油　大さじ２
- 赤唐辛子　２本
- ニンニク（つぶす）　１かけ
- 高菜（食べやすい長さに切る）　１束分
- 塩　小さじ 1/2

1 中華鍋にサラダ油をひいて強火で熱し、赤唐辛子とニンニクを入れる。

2 香りが立ってきたら高菜と塩を加え、全体に油がまわるまで混ぜながら炒める。

3 弱火にしてフタをし、約２分蒸し煮する。

khaja

खाजा

カジャ

「カジャ」はひとことで日本語に訳すのがとても難しい言葉です。白飯もしくはディードという雑穀入りのそばがきを主食とした食事を指す「カナ」に対して、それ以外の食べものの総称がカジャです。

よって、朝一番に飲むお茶や、お茶と一緒につまむ揚げ菓子も、午後に食べる、日本人からすると充分に食事と呼べるたっぷりとした量の料理も、小腹が空いたときにとる軽食や甘いおやつも、ちょっと一杯やるときのつまみも、ネパール語ではすべてカジャです。ちなみに、フライドライスと呼ばれるいわゆる炒飯も、米は使っていますが白飯でもなければおかずを添えて食べるわけでもないので、カジャとなります。

記載の分量はいずれも２～４人分です。

朝のカジャ

朝一番の食事は軽く、チヤだけですませる人もいます。軽食もとる場合は米粉でつくるセルロティ、小麦粉でつくるマルプァなどの揚げ菓子や、豆のタルカリ、ゆで卵などを食べます。

セルロティ
→ P.98

セルロティ

カトマンドゥで主に朝ごはんに食べられている軽食で、専門店や路上の屋台、チヤ屋で買えます。チヤにひたしたりして一緒に食べるほか、汁気のある豆のタルカリと一緒に食べることも。店によって米の挽き具合がちがい、粗挽きだとガリガリとした食感が出て、細挽きだとなめらかな生地になります。両者を混ぜ合わせるとどちらの食感も一度に味わえます。なめらかな生地にする場合は、バスマティよりも粘りが出やすい中国産の短粒米がおすすめ。バスマティと日本米を半量ずつ合わせても、香りと粘りのある生地になっていいと思います。揚げるときは鍋の中に真鍮やステンレスの高台付きの小さな椀などを入れ、そのまわりに生地を流し込むのがネパール式。鍋の底にリング状の立ち上がりが付いている専用の揚げ鍋も売っています。生地を流し込むのに使っているカップはネパール製。アルミカップの一箇所を曲げて注ぎ口をつくってあります。お玉や計量カップなどで代用してください。

masala Chiya
मसला चिया
マサラチヤ（スパイスミルクティー）
→ P.100

カーロチヤ
（ブラックティー）
→ P.100

dudh Chiya
दूध चिया
ドゥッチヤ（ミルクティー）
→ P.100

bodi
बोडी
ボリ
（黒目豆）のタルカリ
→ P.99

カーロチャナ
（黒ひよこ豆）のタルカリ
→ P.99

セルロティ

सेलरोटी

米でつくるほんのり甘い揚げ菓子。
生地はひと晩浸水させた米を挽き、
ペースト状にしてつくる。

<約8個分>

- バスマティライス　200g
- 水　適量
- A　米粉　200g
  グラニュー糖　120g
  ベーキングパウダー　6g
  カルダモンパウダー　小さじ1/2（1.3g）
  ギー*　小さじ山盛り1
- 揚げ油　適量

*なければバターで代用可。室温にもどしてから使う。

1 バスマティライスはかぶるくらいの水に浸し、冷蔵庫にひと晩おく（写真は浸し終わり）。

2 水気をきって重量を測り、乾燥時の重量である200gを引いて吸水量を算出する。300gから吸水量を引いた量の水を用意する。

3 バスマティライスをミキサーで挽く。粗いと（写真上）歯ごたえのある生地に、細かいと（下）なめらかな生地になる。

4 3をボウルに移し、指先でほぐしてダマをなくす。

5 Aを加える。2で用意した水の1/3量を加える。泡立て器でぐるぐるとよく混ぜる。

6 水をさらに1/3量加えて同様によく混ぜる。

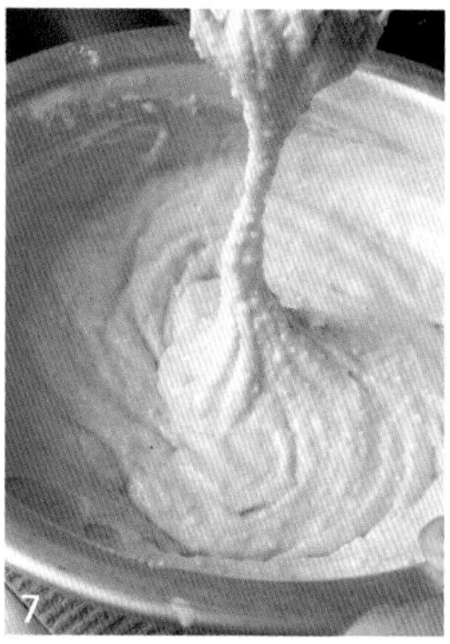

7 残りの水を少しずつ加え混ぜる。粘りがあり、持ち上げるとどろーっとたれる状態になったら水を加えるのをやめる。そのまま常温で20分ねかせる。

8 高温（200～220℃）の揚げ油に生地70～80gをリング状に流し入れる。下側がキツネ色になったらひっくり返し、両面を揚げる。

ボリ
（黒目豆）のタルカリ
बोडी

黒目豆はかためにゆでて
ポクポクとした食感を楽しませる。
クミンとターメリックでシンプルに味つけ。

- **黒目豆**　100g
- **水**　150cc
- **ターメリックパウダー**　小さじ 1/2（1.3g）
- **サラダ油**　大さじ 1/2
- **玉ネギ**（粗みじん切り）　1/8 個分
- **ニンニク**（みじん切り）　1/4 かけ分（2.5g）
- **ショウガ**（みじん切り）　1/4 かけ分（2.5g）
- **クミンパウダー**　小さじ 1/4（0.6g）
- **塩**　約小さじ 1/4

たいていのカジャ専門店においてあるカジャの定番でありながら、結婚式などのお祝いごとのときにつくる「ボーズ」というごちそうの盛り合わせに入れることもあります。

1 黒目豆は水洗いし、圧力鍋に分量の水、ターメリックパウダーとともに入れて火にかける。おもりが上がったらそのまま約 3 分加熱し続ける。

2 別の鍋にサラダ油をひいて熱し、玉ネギを加える。中火でキツネ色になるまで炒め、ニンニクとショウガを加えて炒め合わせる。

3 ニンニクとショウガの香りが立ってきたらクミンパウダーを加え混ぜる。クミンの香りが立ってきたら、1 を煮汁ごと加える。塩も加え、汁気がなくなるまで煮る。

カーロチャナ
（黒ヒヨコ豆）のタルカリ
कालो चना

ふっくらとゆで上げた黒ヒヨコ豆を、
スパイスと玉ネギ、トマトで炒め煮する。
朝のカジャの定番メニュー。

- **黒ヒヨコ豆**　200g
- **水**　300cc
- **ターメリックパウダー**　小さじ 1/2（1.3g）
- **サラダ油**　大さじ 2
- **玉ネギ**（粗みじん切り）　1/4 個分
- **トマト**（粗みじん切り）1/4 個分
- **ニンニク**（すりおろし）　1/2 かけ分（5g）
- **ショウガ**（すりおろし）　1/2 かけ分（5g）
- **クミンパウダー**　小さじ 1（2.5g）
- **コリアンダーパウダー**　小さじ 1/2（0.9g）
- **塩**　小さじ 1/2 ～ 3/4
- **チリパウダー**　小さじ 1/6（0.3g）

ゆで卵を添えて食べたりもします。小腹がすいた午後にサクッと食べる軽食の定番でもあります。

1 黒ヒヨコ豆は水洗いし、圧力鍋に分量の水、ターメリックパウダーとともに入れて火にかける。おもりが上がったらそのまま約 3 分加熱し続ける。

2 別の鍋にサラダ油をひいて熱し、玉ネギを加える。中火でキツネ色になるまで炒め、トマトを加えて炒め合わせる。

3 トマトが煮くずれて全体にからんできたら、ニンニクとショウガを加えて炒め、香りが立ってきたらクミンパウダーとコリアンダーパウダーを加えて炒め合わせる。

4 スパイスが全体にからんでペースト状になったら、塩とチリパウダーを加え、1 の豆も煮汁ごと加える。汁気がなくなるまで弱めの中火で煮る。

カーロチヤ
（ブラックティー）
कालो चिया

砂糖入りの甘いブラックティー。
ここでは、シナモンリーフ、ショウガ、
シルティムルを入れて、ちょっと贅沢に

- A　シナモンリーフ　2枚
  シルティムル（P.8）　10粒
  ショウガ（厚さ1mmのスライス）　2枚
  水　800cc
- CTC茶葉　6g
- 砂糖　適量

1 鍋にAを入れて火にかけ、沸騰したらCTC茶葉を加えて、弱火で5分煮る。

2 好みの量の砂糖を加え混ぜる。

マサラチヤ
（スパイスミルクティー）
मसला चिया

スパイスが入った
ちょっとリッチなミルクティー。
牛乳を水の倍量使い、よりコクのある味わいに。

- A　CTC茶葉　15g
  水　250cc
  カルダモンホール　5粒
  クローブホール　3粒
  シナモンスティック　1本（3g）
  ショウガ（厚さ1mmのスライス）　2枚
  黒コショウ　3粒
- 牛乳　500cc
- 砂糖　適量

1 鍋にAを入れて強火にかけ、ひと煮立ちしたら牛乳を加えて、中火にする。

2 沸騰する直前に火を止め、好みの量の砂糖を加え混ぜる。

ドゥッチヤ
（ミルクティー）
दूध चिया

ネパールの朝食には欠かせないミルクティー。
しっかり甘くするのがネパール流。
カーロチヤと並ぶ、朝食の定番。

- CTC茶葉　15g
- 水　400cc
- 牛乳　400cc
- 砂糖　適量

1 鍋にCTC茶葉と水を入れて強火にかけ、ひと煮立ちしたら牛乳を加えて、中火にする。

2 沸騰する直前に火を止め、好みの量の砂糖を加え混ぜる。

CTC茶葉。機械で小さな粒状に丸めるCTCという製法でつくられる紅茶葉。リーフティーにくらべて色も味も濃くでる。

ネパールのお茶"チヤ"

ネパールの朝のカジャに欠かせないのがチヤ。朝一番の食事では軽食をとらない人もいますが、チヤだけは必ず飲みます。ミルクを入れるかストレートで飲みますが、ストレートでもしっかりと甘くします。スパイスは入れたり入れなかったり。ここで紹介したレシピは家などでつくられるちょっと豪華なバージョンです。ミルクを入れるドゥッチヤやマサラチヤには、水牛のミルクが使われることも。牛乳よりも濃厚でこってりしています。チヤはインドのチャイよりもミルクの割合が少なく、煮る時間も短いので、よりさらっとしています。最近はダイエットのために砂糖抜きのカーロチヤを飲む人も多くなってきており、チヤの代わりにインスタントコーヒーを飲む人も増えています。

ラッシー
लस्सी

インドと同じく、ネパールでも
よく飲まれているヨーグルトドリンク。
牛乳を混ぜてつくることで濃厚な味わいに。

- ジュジュドウ（右記） 100g
- 牛乳 100cc

店によって濃度はいろいろ。さらっとさせたいなら水を、濃厚にしたいなら牛乳を混ぜます。ネパールでは砂糖をたっぷりと入れたり、ドライフルーツを浮かべたりします。もっと濃厚にしたい場合はジュジュドウの割合を増やしてください。お好みで砂糖を加えても。

1 ミキサーに材料を入れてなめらかになるまで回す。

ジュジュドウ
जुजु धौ

朝や午後のカジャに食べる濃厚で甘い
ヨーグルト。カルダモンでほんのり甘く、
かぐわしい香りをつけている。

- 牛乳 1000cc
- 砂糖 80g
- カルダモンパウダー 5g
- プレーンヨーグルト（無糖）* 100g

＊生乳100%で乳酸菌が生きているものを使う。

カトマンドゥの近くにあるバクタプルというネワール族の都市の郷土料理。本来は牛乳よりも濃厚な水牛のミルクを使い、煮詰めてつくるため、これよりもさらに濃厚な味わいです。

1 牛乳を鍋に入れ、中火で温める。

2 ひと煮立ちしたら火から下ろし、砂糖とカルダモンパウダーを加え混ぜる。

3 ヨーグルトメーカーに移し、約40℃に冷めるまで待つ。プレーンヨーグルトを加え混ぜ、40℃で8時間発酵させる。

キール
खीर

米を牛乳で煮て砂糖で味つけしたスイーツ。
煮ることで牛乳の旨みが凝縮される。
おやつやデザートの定番。

- バスマティライス 100g
- 牛乳 800cc
- 砂糖 100g
- A カルダモンパウダー 小さじ1/2（1.3g）
  カシューナッツ 10g
  ピスタチオ 10g
  レーズン 10g
  ココナッツファイン 10g

ネパールでは夏の終わりに「ティージ」という女性のための祭りが行われます。キールはこの祭りには欠かせない食べもので、「ミックスアチャール」(P.69) を添えます。普段のおやつやデザートにも食べられており、このレシピよりもずっと甘くします。水牛のミルクでつくることが多く、牛乳は煮詰めると黄色くなりますが、水牛だと白いままです。

1 バスマティライスはさっと洗い、牛乳とともに鍋に入れる。弱めの中火にかけて煮る。

2 バスマティライスが煮くずれ始めたら砂糖を加え混ぜる。

3 米が粥状にやわらかく煮えたら、Aを加え混ぜる。約10分おいて味をなじませ、米に煮汁を吸わせる。水（分量外・適量）を加え混ぜて温め直す。好みでレーズンやナッツ（分量外）をのせる。

午後のカジャ

日に2回食べるダルバートの間にもカジャを食べます。代表的なものはダルバートと並んで全国で食べられている蒸し餃子「モモ」です。タルカリやアチャールにチウラ（P.9・干し米）を添えて簡単に済ませることもありますし、米粉や豆の粉で焼く粉ものをつまんだりも。町では午後2時くらいからカジャ専門店が開き、セクワやチョエラなどの肉料理、チウラなどとともに、ビールや地酒などのアルコール類を楽しむ人の姿が見られます。

haas ko choila

हाँसको छोइला

鴨のチョエラ

→ P.105

セクワ

सेकुवा

スパイスでマリネした肉を
こうばしく直火焼きする定番のカジャ。
スパイスの香りがマトンの味わいを引き立てる。

- マトンのモモ肉　500g
- ニンニク（すりおろし）　1/2 かけ分（5g）
- ショウガ（すりおろし）　1/2 かけ分（5g）
- レモン汁　小さじ 2
- 塩　小さじ 1/2
- ブテコトリコテール（P.9）＊　大さじ 1.5
- クミンパウダー　小さじ 1/3（0.8g）
- チリパウダー　少量
- コリアンダーパウダー　小さじ 1/4 ～ 1/3（0.5g）
- ガラムマサラ（P.8）　小さじ 1/3（1g）

＊なければゴマ油で代用可。なるべく深煎りのものを使うとよい。

セクワは、ネパール語で " 燻し焼きする " という意味の動詞「セカウヌ /सेकाउने / sekaune」からついた料理名。直火焼きしてこうばしい風味をつけるのがポイントです。水牛、ヤギ、チキンなど、カレーに使う肉ならなんでもセクワにします。チョエラと同様に、チウラ（干し米・P.9）やブジャ（甘くないポン菓子）を添えてカジャとして食べるほか、飲み屋のつまみの定番メニューでもあります。

1 マトンは 2.5 ～ 3cm 角に切り、そのほかの材料とともにボウルに入れてよく混ぜる。ラップをかけ、冷蔵庫で 4 時間以上（できればひと晩）寝かせる。

2 串に刺して魚焼きグリルや直火で焼くか、油をひいたフライパンで炒める。はじめは弱火でじっくりと焼き、中までしっかり火が通ったら最後は強火にして表面を焦がし、こうばしい風味をつける。

3 塩（分量外）をふって味を調え、皿に盛る。好みでチウラ（P.9）、レモン、青唐辛子などを盛り合わせる。

チキンチリ

चिकेन चिल्ली

鶏肉をトマトで炒めた中国由来の料理。
スパイスとトマトがしっかりとからんだ
鶏肉と野菜が味わい深い。

- 鶏モモ肉　1 枚（約 200g）
- ピーマン　1 個
- 玉ネギ　1/2 個
- トマト　1/2 個
- サラダ油　大さじ 2
- クミンシード　小さじ 1/3（2g）
- 塩　小さじ 1/2
- ニンニク（みじん切り）　1/5 かけ分（2g）
- ショウガ（みじん切り）　1/5 かけ分（2g）
- A　クミンパウダー　小さじ 1/3（0.8g）
　　チリパウダー　小さじ 1/3（0.6g）
　　パプリカパウダー　小さじ 1/3（0.6g）

ネパリチャイニーズと呼ばれるジャンルの料理で、いろいろなレストランで見かけます。ネパリチャイニーズにはこのほかにチョウメンという焼きそばや、フライドライスと呼ばれる炒飯などがあります。いずれも、昔から交易のあったチベットを通じて入ってきた中国由来の料理が定着していったものです。

1 鶏モモ肉は皮を取り除き、7 ～ 8 等分に切り分ける。ピーマンは種とヘタを取り除き、ひと口大に切る。玉ネギはくし形切りにする。トマトは粗くきざむ。

2 中華鍋にサラダ油を熱して、クミンシードを加える。香りが立ってきたら中火にして、1 の鶏モモ肉と塩を加える。

3 鶏肉に焼き色がつきはじめたら、1 の玉ネギ、ニンニク、ショウガ、1 のトマトを加えて約 2 ～ 3 分、炒め合わせる。

4 トマトが煮くずれて全体にからんだら弱火にし、A を加え混ぜてフタをする。約 3 ～ 5 分蒸し焼きにする。

5 鶏モモ肉と玉ネギに火が通ったら 1 のピーマンを加え、強火にして炒め合わせる。

鴨のチョエラ

हाँसको छोइला

鴨を揚げ焼きにし、ニンニク、ショウガ、
スパイス、焙煎マスタードオイルをからめる。
ネワール料理のカジャの定番。

- **鴨肉**（または鶏モモ肉） 1枚（250〜300g）
- **サラダ油** 適量
- **A** **ニンニク**（すりおろし） 1/2かけ分（5g）
  ショウガ（すりおろし） 1/2かけ分（5g）
  香菜（みじん切り） 1本分（2g）
  クミンパウダー 小さじ2/3（1.6g）
  チリパウダー 小さじ1/2（0.9g）
  ティムルパウダー＊1 小さじ1/2（0.8g）
  ガラムマサラ（P.8） 小さじ1/3（1g）
  ブテコトリコテール（P.9）＊2 小さじ2
  塩 小さじ1/3

＊1 ティムル（P.8）を乳鉢やすり鉢でするか、ミルミキサーで挽く。
＊2 なければゴマ油で代用可。なるべく深煎りのものを使うとよい。

チョエラは藁焼きにした肉という意味。本来は水牛や鴨、鶏の肉を藁で焼いてからスパイスをからめる料理です。水牛のほうが一般的ですが、ここでは日本でも手に入りやすい鴨でつくるチョエラをご紹介します。チョエラはカジャ専門店で食べるもので、辛いものを好むネワール人の料理らしく、しっかりとチリパウダーをきかせます。鴨のチョエラにはチリのほかにティムルも使いますが、水牛には使いません。かたい肉が好きなネパール人はしっかりと焼きますが、ここでは浅めに火入れして、しっとりと仕上げました。鶏でつくってもいいです。ネパールでは鶏は皮をはぎ、鴨は付けたまま調理します。

1 鴨肉はひと口大に切り、薄力粉（分量外・適量）を薄くまぶす。フライパンに深さ1cmほどサラダ油を入れて熱し、鴨肉を揚げ焼きする。

2 ボウルにAを入れて混ぜ合わせる。

3 2のボウルに1の鴨の油をきって加え、からめる。皿に盛り、好みでチウラ（P.9）、レモン、きざんだ香菜などを盛り合わせる。

モモはネパールの国民食

モモは全国的に食べられている午後のカジャの定番で、家庭でつくったり専門店で食べたりします。餡には水牛を使うことが多く、鶏やベジタリアン向けの野菜を使ったものも次いで食べられています。豚バラ肉を小さめの角切りにしてつくってもおいしいと思います。ゴマの液状アチャールで食べるのはカトマンドゥのスタイル。他の地方では、今回ベジモモに添えたようなトマトのペースト状アチャールを添えることが多いです。蒸すのが基本ですが、揚げることもあります。おいしくつくるためのポイントは皮のかたさです。加える水は最小限に。加水量を増やせばやわらかくなってのばしやすく、レストランなどではそうしているところも多いです。でも、皮がやわらかいとくずれやすく、噛みしめるおいしさもなく、この料理のよさが出ません。慣れないと難しいですが、水を入れすぎないように気をつけてください。また、粉の味が全体の味わいを左右するので、ぜひ国産のおいしい小麦粉を使ってください。冷めるとおいしくないので、蒸したての熱々を食べることをおすすめします。

噛みごたえのある生地に肉の餡を包み、
蒸したてを食べる。
ゴマと香菜のアチャールをたっぷりかける
カトマンドゥスタイルで。

momo

मःमः

モモ

→ P.111

vege momo

भेज मःमः

ベジモモ

→ P.114

マッシュポテトにキャベツや
ニンジンを混ぜた餡を包んだ
ベジタリアン向けのモモ。
ゴマ風味のトマトのアチャールで。

wo (bara)

व: (बारा)

ウォー（バーラ）

ウラド豆をひと晩浸水し、
ペースト状に挽いて生地をつくり、
焼いたもの。
ねっちりとした生地で
味わい深い。

chatamari

चटामरी

チャタモリ

米粉の生地でつくる午後のカジャ。
スパイスとともに炒めたじゃがいもと
卵をのせて焼く。
好みでキーマをのせても。

ウォー（バーラ）

व: (बारा)

- ウラドダル（皮付き）　200g
- A　ニンニク（すりおろし）　1/4 かけ分（2.5g）
  ショウガ（すりおろし）　1/4 かけ分（2.5g）
  水　100cc
  塩　小さじ 1/3
  サラダ油　大さじ 2
- サラダ油　適量

ウォーはネワール語の料理名。ネパール語ではバーラといいます。「ベジモモ」(P.107) に添えたようなトマトのアチャールをつけて食べたり、肉のカレーの汁のみを添えてひたしたりして食べます。また、チャタモリのようにキーマや卵をのせてお好み焼きのようにして食べることも。ネワール族の住むカトマンドゥ盆地の郷土料理です。

1 ウラドダルはざっと水洗いし、ひと晩浸水させる。

2 1 のウラドダルと A をミキサーに入れてなめらかになるまで回す。

3 フライパンにサラダ油を多めにひいて熱する。手で 2 の生地をすくってフライパンにのせ、円形になるように手で形を整える。

4 弱火でじっくりと焼く。生地の表面がやや乾いた感じになってきたら、ひっくり返して、反対側も焼く。

チャタモリ

चटामरी

- ジャガイモ　1 個
- サラダ油　適量
- 玉ネギ（粗みじん切り）　1/4 個分
- 鶏ムネ挽き肉　30g
- A　ターメリックパウダー　小さじ 1/4（0.6g）
  クミンパウダー　小さじ 1/4（0.6g）
- 塩　小さじ 1/2
- B　トマト（粗みじん切り）　1/3 個分
  ニンニク（みじん切り）　1/2 かけ分（5g）
  ショウガ（みじん切り）　1/2 かけ分（5g）

米粉　200g
塩　小さじ 1/4
水　250 ～ 400cc

市販の米粉を使うとなめらかでもちもちとした生地になりますが、「セルロティ」（P.98）と同様に浸水した米を挽いて生地をつくると、昔ながらのガリガリとした楽しい食感がでます。焦がさずに中まで火が通るように温度調節をするのが難しく、厚手の鉄板を使った方がうまく焼けます。卵はのせてものせなくても。ウォー（バーラ）と同様にネワールの郷土料理です。

1 ジャガイモは皮付きのまま蒸す。冷まして皮をむき、角切りにする。

2 鍋にサラダ油をひいて熱し、玉ネギをキツネ色になるまで炒める。鶏ムネ挽き肉を加え、肉の色が変わったら、A を加え混ぜる。塩で味を調え、B を加えて炒め合わせる。

3 トマトが煮くずれて全体にからんできたら 1 のジャガイモを加えて炒め合わせる。なじんだら火から下ろし、冷ましておく。

4 ボウルに米粉と塩を入れて泡立て器で混ぜ合わせる。水を少しずつ加え混ぜ、クレープの生地のようなとろっとした状態にする。

5 フライパンにサラダ油をひいて熱し、4 の生地を半量流し込む。弱火で生地をじっくりと焼く。生地の表面に透明感が出てきたら 3 を半量のせ、3 の上に好みで卵（分量外）を 1 枚につき 1 個割り入れる。フタをして生地に火が通るまで蒸し焼きする。

lassi

लस्सी

ラッシー

→ P.101

kheer

खीर

キール

→ P.101

juju dhau

जुजु धौ

ジュジュドウ

→ P.101

モモ

म:म:

◎皮

- 強力粉　200g
- 塩　ひとつまみ
- サラダ油　大さじ1
- 水　70～80cc

◎具

- 玉ネギ　1/3個
- 香菜（みじん切り）　ひとつまみ
- ニンニク　1/5～1/3かけ（2～3g）
- ショウガ　1/5～1/3かけ（2～3g）
- 鶏ムネ挽き肉　200g
- 塩　小さじ1/3
- ブテコトリコテール（P.9）*
  小さじ1/2
- クミンパウダー　小さじ1/4（0.6g）
- コリアンダーパウダー
  小さじ1/4（0.5g）
- ガラムマサラ（P.8）　小さじ1/4（0.8g）

◎アチャール

- 白ゴマ　50g
- 香菜（みじん切り）　3g
- 塩　小さじ1
- レモン汁　大さじ1
- クミンパウダー　少量
- チリパウダー　少量
- パプリカパウダー　少量
- 水　250cc

＊なければゴマ油で代用可。なるべく深煎りのものを使うとよい。

◎皮

ボウルに強力粉、塩、サラダ油を入れて混ぜ、水をまず50cc加える。

指先でこすり合わせるようにしてこね、粉っぽいところがなくなるまでなじませる。

水を30cc加えては、2と同様にしてこねる。加水量は最低限とし、生地がぎりぎりなんとかまとまるくらいまで、これを繰り返す。

生地がまとまってきたら水を加えるのをやめ、ボウルに残った粉を拭き取るようにして、ひとまとめにする。

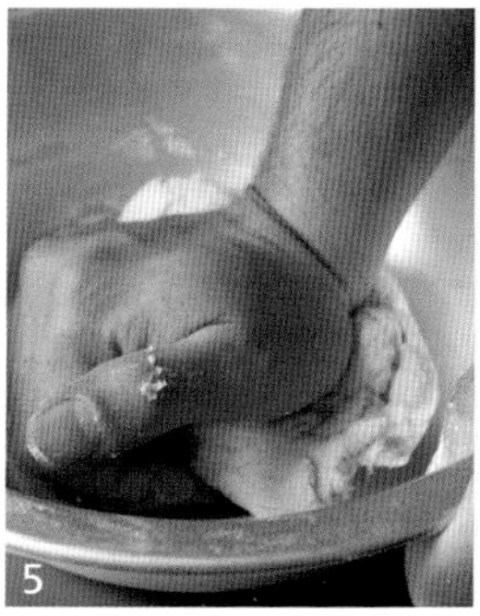

手の平の付け根で強く押すようにしてこねる。かなりかたい生地なのでこねにくいが、体重をかけて1～2分しっかりとこねる。

弾力がでてきたら表面を張らせるように丸める。サラダ油を薄く塗ったラップで包み、冷蔵庫で2時間以上ねかせる。

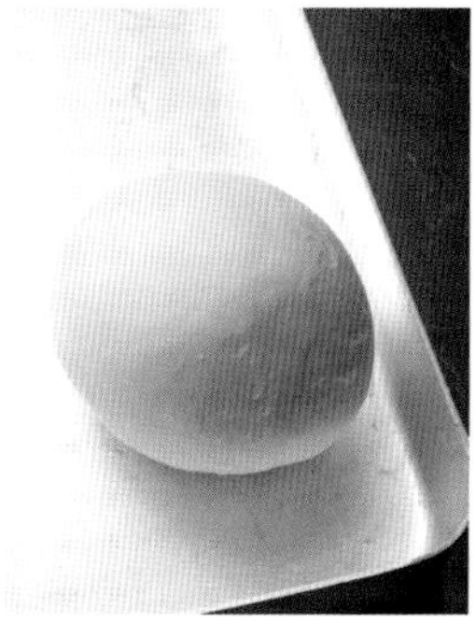

ねかせ終わった生地を丸めなおしたもの。生地はねかせることで、なめらかでのびのよい状態になる。

◎具

1

玉ネギ、香菜、ニンニク、ショウガはどれもできるだけ細かくきざむ。そのほかの材料とともにボウルに入れる。

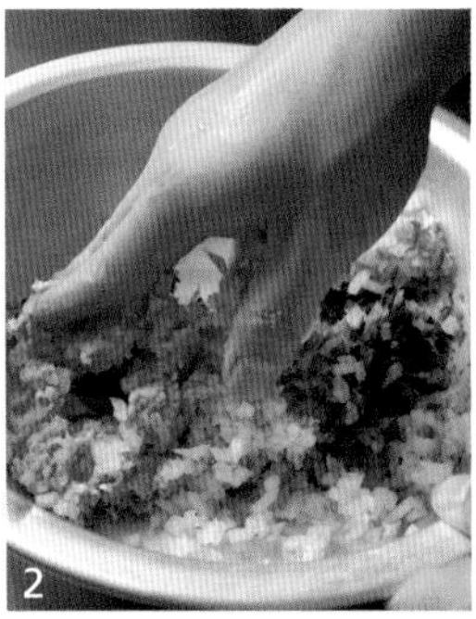

2

練らないように気をつけて、指先でよく混ぜる。

3

全体が均一な状態になったら混ぜ終わり。

◎アチャール

1

材料をすべてミキサーに入れてすべてがよく混ざるまで回す。

※すり鉢でつくる場合は、まず白ゴマを完全にすりつぶし、次に香菜を加えてペースト状になるまでする。水以外の材料を加えてすり、均一に混ざったら水を加え混ぜる。

◎成形

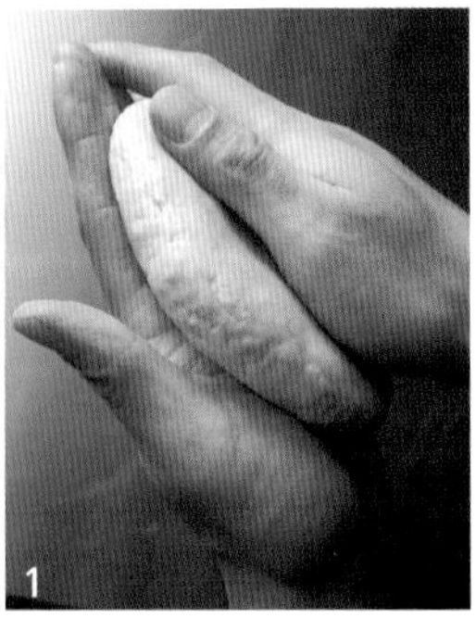

1

生地を手の平でつぶして四角くのばす。

2

4等分に切り分ける。

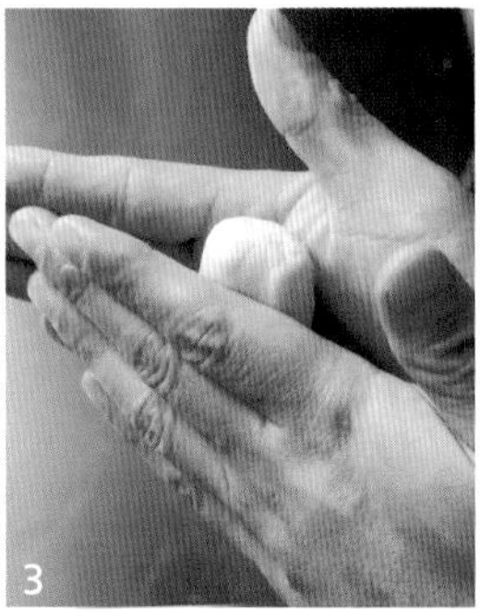

3

両手にはさんで転がし、同じ太さの棒状にのばす。

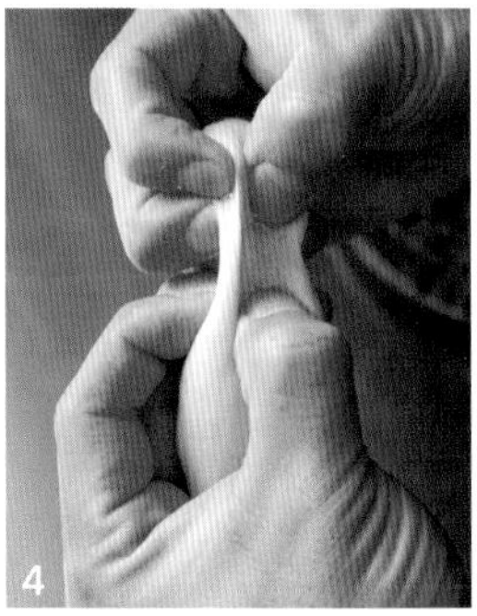

4

1個10gにちぎる。

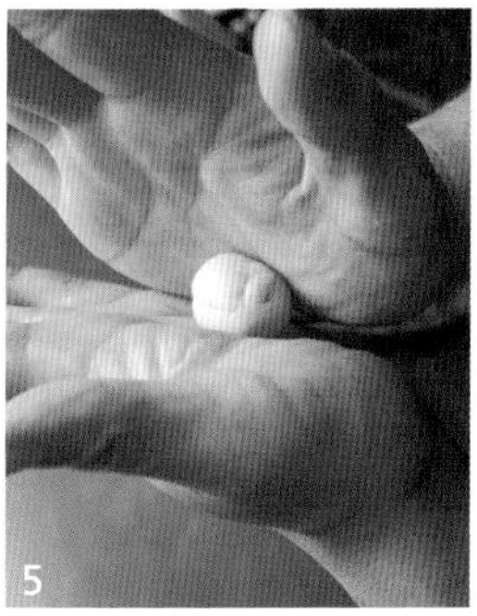

両手で丸める。

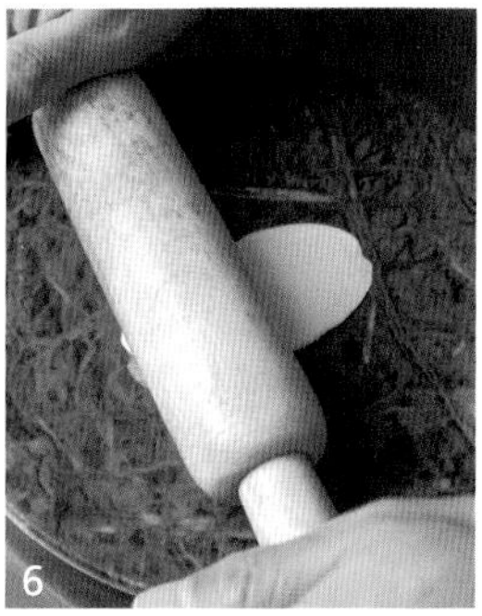

丸めた生地を台に出して手でつぶし、めん棒でのばす。

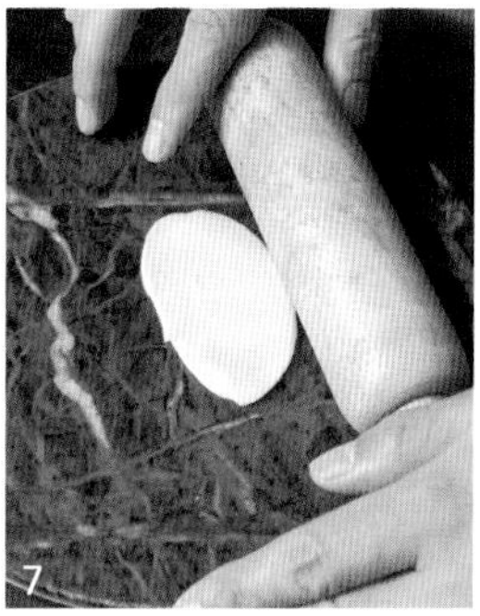

2～3回のばしたら90度向きを変える。

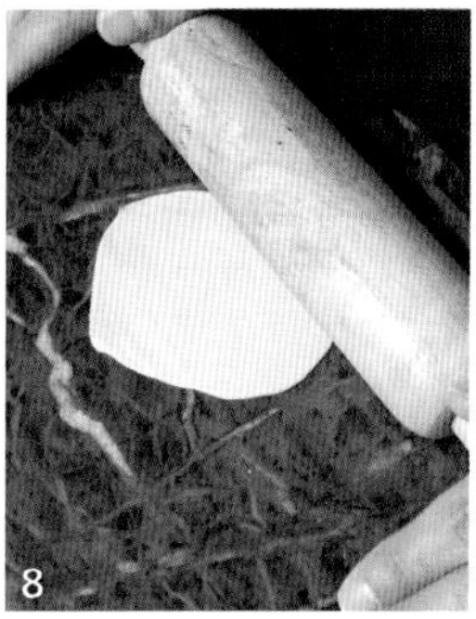

さらに2～3回のばす。

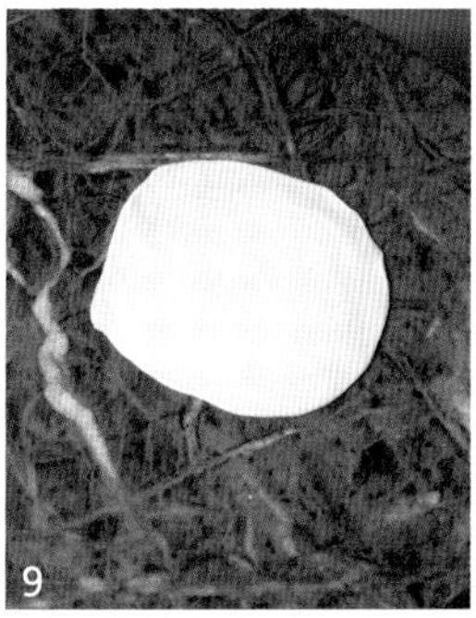

裏返して同様にのばし、直径8cmの円形にする。

のばした皮を片手にのせ、具を1枚につき約10gのせる。

皮をのせている方の手の親指で具を押さえ、反対の手で皮を一箇所つまむ。

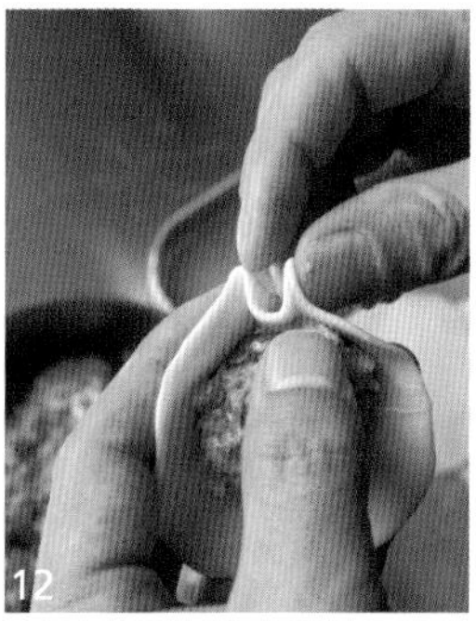

人差し指で生地をたぐりよせ、ひだを寄せて生地をとじていく。

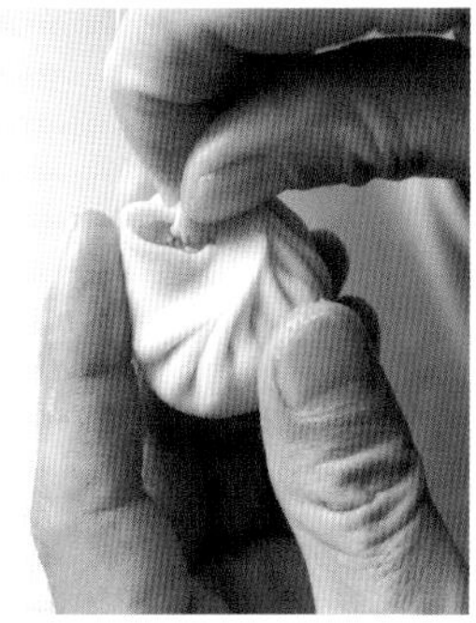

8割がたとじたら、具を押さえていた親指を抜き、さらにひだを寄せていく。

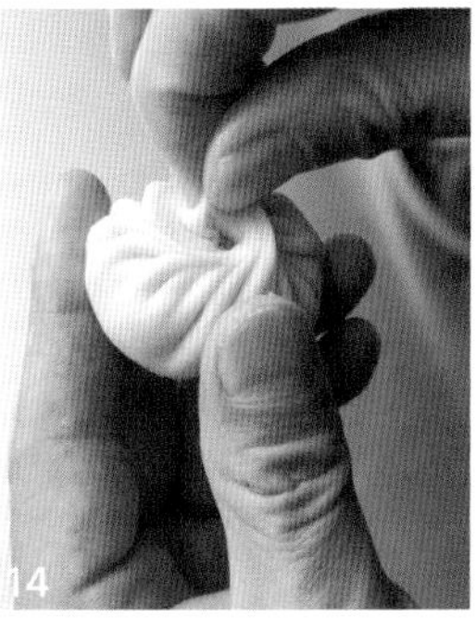

生地を最後までとじる。同様にしてすべて包む。

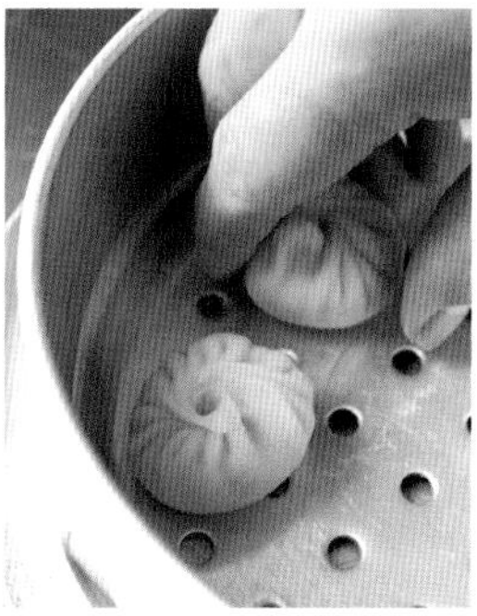

蒸し器にオーブンシートを敷くか、サラダ油を薄く塗る。モモを並べてフタをする。湯を沸かした鍋にのせる。

8分間蒸す。生地がもちっとして、つやと透明感が出ていたら蒸し上がり。

◎モモの食べ方

皿にモモを盛り、アチャールをたっぷりとかける。スプーンでモモの上部に少し切り込みを入れ、スプーンでアチャールをすくって切り込みから注ぎ入れる。スプーンにのせ、ぱくっとほおばる。

ベジモモ

भेज म:म:

◎皮

材料とつくり方は「モモ」(P.111) と同じ。

◎具

- ジャガイモ[*1]　2個
- キャベツ[*2]　約2枚 (100g)
- ニンジン[*3]　中1/5本分 (30g)
- 玉ネギ[*4]　1/3個 (70g)
- 香菜[*5]　1～2本
- ニンニク[*6]　1/5～1/3かけ (2～3g)
- ショウガ[*7]　1/5～1/3かけ (2～3g)
- 塩　小さじ1/3
- ブテコトリコテール (P.9)[*8]　小さじ1/2
- クミンパウダー　小さじ1/4 (0.6g)
- コリアンダーパウダー　小さじ1/4 (0.5g)
- ガラムマサラ (P.8)　小さじ1/4 (0.8g)

◎アチャール

- サラダ油　大さじ1
- 玉ネギ (粗みじん切り)　1/2個分
- ターメリックパウダー　小さじ1/2 (1.3g)
- トマト (粗みじん切り)　2個分
- ニンニク (みじん切り)　1/5かけ分 (2g)
- ショウガ (みじん切り)　1/5かけ分 (2g)
- A　クミンパウダー　小さじ1/2 (1.3g)
  チリパウダー　小さじ1/4 (0.5g)
  塩　小さじ1/4～1/2
- 白ゴマ　20g

＊1皮付きのまま蒸して皮をむく。
＊2長さ約2cmのせん切りにする。
＊3～7なるべく細かくみじん切りする。
＊8なければゴマ油で代用可。なるべく深煎りのものを使うとよい。

◎具

材料をすべてボウルに入れる。

ジャガイモは指先でつぶす。

ジャガイモとそのほかの材料を指先でこすり合わせるようにして混ぜる。

ぎゅっとにぎってなじませながらさらに混ぜる。全体が均一に混ざり、ひとまとまりになったら混ぜ終わり。

◎アチャール

鍋にサラダ油を熱し、玉ネギの端が焦げるまで中火で炒める。ターメリックパウダーを加え混ぜ、香りが立ってきたらトマトを加えて炒め合わせる。

トマトがなじんだら、ニンニクとショウガを加え混ぜる。

トマトが煮くずれて、とろみが出てきたら、Aを加え混ぜる。

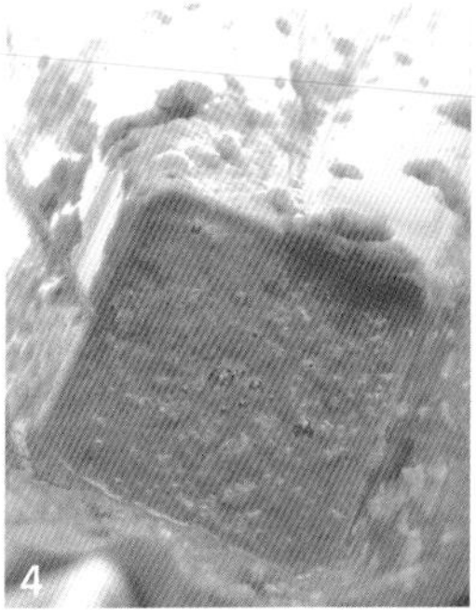

ミキサーに移し、白ゴマを加える。なめらかなペースト状になるまで回す。

◎成形

「モモ」（P.112 ～ 113）の成形の工程1～9と同様に皮をのばす。片手に生地を1枚のせ、具をやや多めにのせる。

生地をのせた手の親指で具を押さえながら、反対の手で生地を一箇所つまむ。

つまんだところを具に押しつけるようにして倒す。

親指で生地をよせてひだをつくる。

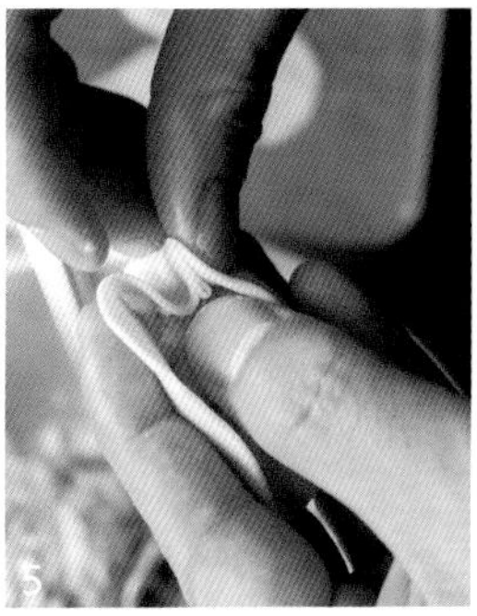

人差し指で生地をよせてひだをつくる。

4と5を交互に繰り返し、生地を最後までとじる。余分な具は生地を最後にとじるときにはみ出させ、ボウルに落とすとぎっしり詰められる。

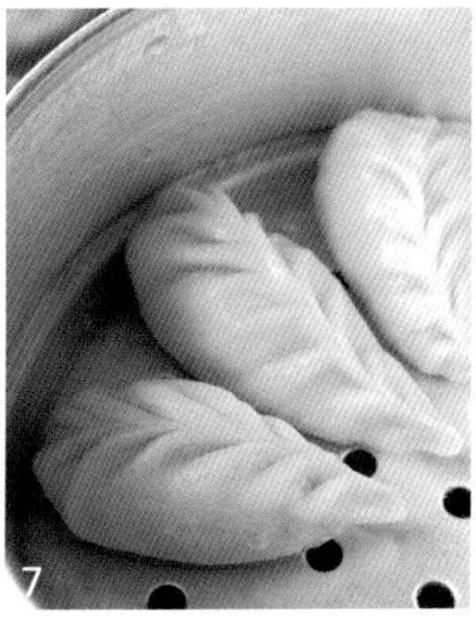

「モモ」と同様に蒸し器で8分蒸す。アチャールをつけて食べる。

カトマンドゥ食べ歩きガイドブック

ここでは、カトマンドゥに行くならぜひ訪れてほしい僕のおすすめのお店を紹介します。カトマンドゥの観光の中心地であるタメル地区にあるお店と、カトマンドゥから車で20～30分のところにあるパタンという町にあるお店が中心です。ディープなお店から欧米人のお客も多いおしゃれなお店までいろいろとご紹介しています。ぜひ、この本を片手にカトマンドゥの食べ歩きを楽しんでください。

※ネパールの住所は番地がなく、土地勘のない人が店にたどり着くのは少し難しいです。お店の場所にピンを落としたGoogleマップのリンクをQRコードにして添えましたので、参考にしてください。ちなみに、ネパールの人は大らかなので店によっては店名の表記がいくつもあったりします。本書には看板やショップカードを参考にした店名を掲載しましたが、Googleマップに掲載された店名と微妙に異なる場合もあります。ご了承ください。

ディープなローカルフードに挑戦！

どこもカトマンドゥの伝統的な食文化を楽しめるお店です。英語のメニュー表がないところも多いので（メニューや品書きすらないところがほとんど）、まわりの人が食べているものを指さしたり、この本を持って行って料理名をさして注文してみてください。日本語とネパール語の発音はかなり違うので、口に出して伝えるときは英字で表記した通りに読むと通じやすいと思います。

路地裏のチヤ屋

チャプロ チヤ パサル
Chhapro Chiya Pasal
छाप्रो चिया पसल
カトマンドゥ / タメル地区
Thamel Marg 1, Kathmandu

人がすれ違うのもやっとというくらい細い路地裏にあるローカルのチヤ（チャイ）屋。一日中、地元のお客でにぎわっています。朝はセルロティやマルプァなどの揚げ菓子、豆のタルカリ、ゆで卵、市販のパンなどもおいています。

上左／チヤとセルロティ。上右／手前からジョールタイプの豆のタルカリ、ドライタイプの豆のタルカリ、ゆで卵。こちらも朝ごはんの定番。下左／揚げたてのセルロティがカウンターに積まれる。下中／チヤを加熱しながら繰り返し鍋に注いで煮出しているのは、この店のディディ（お姉さん）。右中／一日中、地元の人でにぎわう。右下／路地裏にたたずむ、柱と屋根だけの素朴な店構え。

食のネパール語

チヤ：
चिया / chiya
セルロティ：
सेलरोटी / sel roti
マルプァ：
मालपुवा / malpuwa
ゆで卵：
उसिनेको अण्डा / usineko anda
豆のタルカリ：
चना तरकारी / chana tarkari

さらっと飲めるさっぱりラッシー

ジャナクプル ダヒ ラッシー バンダール
Janakpur Dahi Lassi Bhandar
जनकपुर दही लस्सी भण्डार
カトマンドゥ / インドラチョーク
Chandraman Singh Marg, Kathmandu

中世から続くインドラチョークという大きなバザールにあります。昔から有名なラッシー専門店。さらっと飲みやすいラッシーを次々にコップに注ぐ様が見もの。インドラチョーク ラッシー パサル（右）と好みは分かれますが、間違いのないおいしさ。

左／さらっとしたラッシーの上にはココナッツやアーモンド、レーズンなどが。右／間口の狭いカウンターの向こうでラッシーを注いで手渡してくれる。

味わい深い濃厚ラッシー

インドラチョーク ラッシー パサル
Indrachowk Lassi Pasal
इन्द्रचोक लस्सी पसल
カトマンドゥ / インドラチョーク
Watu Marg, Kathmandu

こちらもインドラチョークにあり、いつも人であふれかえっている超人気店です。かなり濃厚なタイプで、上にのせてくれる「クワ」も絶品。クワは牛乳を煮詰めてつくるもので、甘くて見た目はカッテージチーズに似ています。

左／こちらのラッシーにはドライフルーツだけではなくクワも。右／大きな広場に面した店頭にはラッシー がずらりと並ぶ。

ネワールの老舗カジャ屋さん

ホナチャ
Hona Cha
होनचा
ダルバール広場クリシュナ寺院の裏
Behind Krishna Temple, Mamaru Galli, Lalitpur

昼過ぎの開店から多くの人で溢れかえるパタンの人気店。名物のウォーに水牛肉のジョール（汁）をつけながら食べるのがおすすめ。近所にある姉妹店を食べ巡るのも楽しい。

上左／店先の大きな鉄板でウォーが焼かれる。上右／手前左は卵をのせたウォーに肉の汁をかけたもの。奥はジャガイモのタルカリ、手前右は水牛の内臓の炒めもの。中左／水牛のセンマイに骨髄を詰めて揚げたソプミチャ。中右／ウォーの生地は手で広げる。下左／水牛の生肉をミンチにして、スパイスとオイルで和えたカチラ。ネパール版のユッケだ。下右／普通は生で食べるカチラだが、この店では頼むと焼いてくれる。

食のネパール語

ウォー（バーラ）
व:, बारा / wo, bara

肉の汁
मासुको झोल / masu ko jhol

ジャガイモのタルカリ
आलु / alu

水牛の内臓炒め
भुटन / bhutan

ソプミチャ
सपू म्हिचा / Sapu Mhicha

カチラ
कचिला / kachila

焼いたカチラ
कचिला(फ्राइ) / kachila(fry)

水牛の内臓料理が楽しめるカジャ屋

クワチャ ネワリ カジャ ガル
Kwaycha Newari Khaja Ghar
क्व्या: चा:
ラリトプル / パタン地区
Kwalakhu Rd, Lalitpur　☎ 01-5547923

パタンの路地裏にあります。さまざまなネワールのカジャが食べられる店。常時、水牛のいろいろな部位のホルモン料理を置いています。カウンターに並んだ大鉢に料理が並んでいるので、注文しやすいと思います。

上左／カウンターには、ずらりとカジャが並ぶ。上右／スクティ（水牛の干し肉）を揚げてスパイス、玉ネギ、青唐辛子などで和えたカジャ。中央右／こんもりと盛られた豆のタルカリ。下左／水牛のだしと干し魚のだしでつくる煮こごり、サンニャクナ。水牛の塊肉を煮たデャクラという料理の煮汁を用いる。下中／水牛のチョエラ。下右／米でつくる微発泡のどぶろく、チャーン（ネワール語ではトン）。

食のネパール語

スクティのカジャ
सुकुटी / sukuti

豆のタルカリ
कालो चना / kalo chana

サンニャクナ
सन्या खुना / sanya khuna

デャクラ
द्याकुला / dyakura

水牛のチョエラ
बफको छोइला /
buff ko choila

チャーン
छ्याङ / chyang

そのほかは P.127「ネワールのカジャ」に記載したネワール語をご参考に。

鴨肉のチョエラの元祖の店

マイラ ダイ ラ ドゥルガ バウジュ コ スペシャル ハース コ チョエラ
Maila Dai Ra Durga Bhauju Ko Special Haas Ko Choila
माइला दाइ र दुर्गा भाउजुको स्पेशल हाँसको छोयला
ラリトプル
Ekantakuna Rd, Lalitpur

チョエラといえばもともとは水牛か鶏で、鴨のチョエラはこの店が発祥。以来、この店の並びには鴨のチョエラを出す店がたくさんできました。おすすめはカジャセット。もちろん鴨のチョエラ入りで注文してください。

食のネパール語

鴨のチョエラ
हाँसको छोइला / haas ko choila

カジャセット
खाजा सेट / khajya set

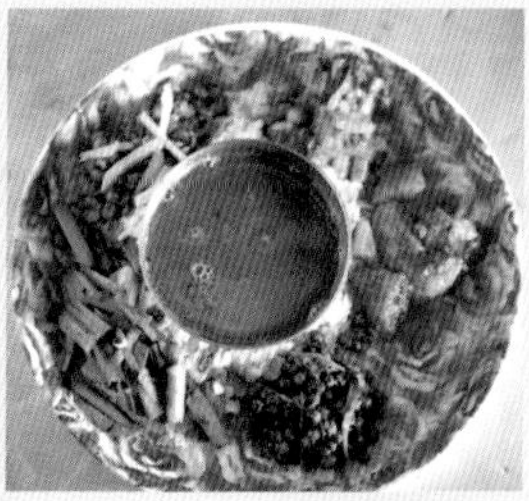

左／鴨のチョエラ。骨ごとぶつ切りにした鴨肉を揚げて、マサラで和えている。右上／カジャセット。中央にはチウラ（P.9）とアルタマ（P.41）。カジャは手前から時計回りにサーノ ケラウ（えんどう豆の一種）とディルのタルカリ、葉ニンニクのチョエラ、豆のタルカリ、ミックスアチャール、じゃがいものアチャール。右下／店名と料理の写真を掲げた外観が目印。

カトマンドゥスタイルの絶品モモ

オールドエベレストモモセンター
Old Everest Mo:mo: Center
न्यू एभरेष्ट म:म: सेन्टर
カトマンドゥ／タメル地区
Lekhnath Marg, Thamel, Kathmandu

タメル地区の北の外れにある有名なモモ専門店です。ここのモモはアチャールが絶品。メニューは水牛の肉の蒸しモモのみです。1人前は10個ですが、ハーフサイズも頼めるので小腹がすいたときにも行けます。

左上／直径80cm以上の蒸し板にぎっしりとモモをのせて蒸す。左下／看板にはエベレストの絵と店名が。右／ゴマのアチャールがたっぷりとかかる。直径3cmと小ぶりながら、噛みごたえのあるみっちりとした生地と餡で、1人前食べるとお腹いっぱいに。

トマトソースタイプのモモの名店

デリシャスモモ＆ファストフード
Delicious MoMo & Fast Food
स्वादिष्ट म:म: र फास्ट फुड
カトマンドゥ／カンティパス
Kantipath, Kathmandu ☎ 01-4215677

こちらの店のモモは大きいのが特徴。1人前（10個）食べたら満腹になります。蒸しモモのほか、焼く「コテモモ」や揚げる「フライドモモ」、モモのチリ炒め、ベジモモなどメニューが豊富で食べくらべる価値あり。この店は英語メニューがあります。

上／放射状にぎっしりと美しく並べられたモモが巨大な蒸し器の中で蒸される。中／手の平サイズの大きなモモに、トマトの液状アチャールをたっぷりとかけて食べる。下／店頭にはたくさんのバイクが並ぶ。

食のネパール語

モモ
म:म: / momo

ハーフサイズ
आधी प्लेट / adhi plate

タカリ族の絶品ダルバートを食べるならここ！

ムスタン タカリ チューロ（閉店）
Mustang Thakali Chulo
現在は大阪ダルバート食堂跡地にて営業
大阪市中央区谷町 6 丁目 13-6

タメル地区にあるタカリ料理のレストラン。いつ食べても安定したおいしさで、ダルバート以外のタカリ料理もいろいろあります。店主のミランさんは日本に住んでいたこともあり、日本語がとても上手です。英語メニューあり。

左／手前から高菜のサーグ、じゃがいものタルカリ、ヨーグルト、南瓜のタルカリ、水牛の脳みそカレー、チキンカレー、ウラドダルのダール、生野菜（人参、きゅうり）、アチャール（トマト、グンドゥルック、大根）。中央はご飯とパパド。右上／スクティは厨房で自家製する。右下／ウラドダルのダールは鉄鍋でつくる。

食のネパール語

もうお腹いっぱいです
पुग्यो / pugyo

おいしいです
मीठो छ / mitho chha

～をください
～दिनुहोस् / ～dinuhos

タカリ族料理が楽しめる有名店

タカリバンチャ ガル
Thakali Bhanchha Ghar
थकाली भान्छा घर
カトマンドゥ / タメル地区
Chaksibari Marg , Thamel, Kathmandu　☎ 01-4701910

タメル地区にあるタカリ料理レストラン。昔から欧米のツーリストに人気です。最近では若いネパール人の姿もちらほらと見かけます。まずは、ぜひダルバートを。ご飯の代わりに雑穀入りのそばがき「ディーロ」も選べます。英語メニューあり。

左上／ダルバートのご飯はディーロ（雑穀のそばがき）にかえることも。左下／チキンチリ。中上／猪のカジャ。中下／チョウメン。右／ロキシーという蒸留酒にギーと砂糖を混ぜて温め、炒り米を浮かべたジャイカッティ。

オーソドックスなダルバートの食堂

バジラヨギニ ボジャナラヤ
Bajrayogini Bhojanalaya
बज्रयोगिनी भोजनालय
カトマンドゥ / バグバザール
Bagbazar Sadak, Kathmandu

オフィスや学校がたくさん集まるバグバザールというエリアにあります。観光客でも入りやすく、ローカルなネパールの食堂を体感できます。ダールバートやカジャなどオーソドックスなネパール料理が食べられます。英語メニューあり。

左／ミックスダル、サーグ、タルカリ 2 種、アチャール 2 種を盛り合わせた典型的な食堂のダルバート。ノンベジカレーは山羊、水牛、魚などがある。右／なみなみと注がれるお代わりのダル。

あたらしいネパールの食の世界

ここ数年、昔ながらの食文化を見直し、新たな視点で表現する店が増えてきました。こちらでご紹介するのは、いまネパールでもっともあたらしい食の地平を切り開いているスポット。ネパールの“いま”を感じられる場所です。

ネパール食文化の新たな発信基地

カルマコーヒー
Kar.ma Coffee

ボダナート店

ボダナート店
Pawo Gomapa Mang,
Kathmandu

パタン店
Jhamsikhel Moksh Complex,
Gyan Mandala Level 2, Lalitpur

madeinnepal.com

ハンドドリップで淹れるネパール産のコーヒーがおいしいです。ネパール産のオーガニック食材やオリジナル雑貨の販売もしており、お土産を探すのにもおすすめ。ボダナート店では食のイベントを開催することも。

上／広々とした店内の中央には厨房があり、向かって右側はイートインスペース。左中／ヨガ教室が開かれる広々としたスペース。左下／料理教室は参加型。講師はネパール人。下中／コーヒーやハーブティー、ピーナッツバターやアチャールなどメイドインネパールの食材の販売も。下右／オーナーのブリギットさんはドイツ人。ODAでネパールを訪れ、のちに移住。ネパールの豊かな食文化の魅力を掘り下げ、国内外に発信している。

さまざまな民族の食文化をモダンに表現するレストラン

ライタネ
Raithaane
रैथाने
パタン
Kupondole Hts Rd, Lalitpur　☎ 980-1002971

ネパールの料理本『Timmur』の著者でもあるプラシャントさんがオーナーのレストラン。東部・リンブー族の料理で、苔の一種を使ったフライドライスなど、さまざまな民族の料理を提供しています。季節ごとに使う食材やメニューを変えるのはネパールでは珍しいスタイル。

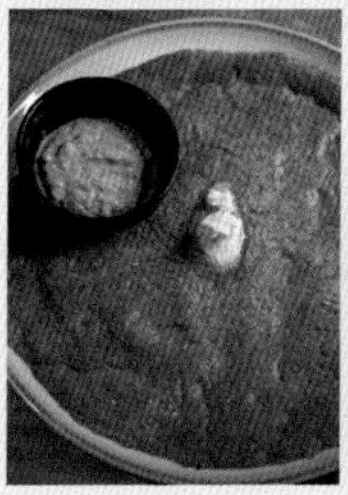

上左／昔ながらのネワールの一軒家をモダンに改装。上右／看板。下左／苔の一種を豚と炒めるリンブー族の料理には、ライ族の納豆・キネマとトマトのアチャールを添えて。下中央左／バトゥク（ウラドダルのドーナッツ）とツカウニ（じゃがいもをヨーグルトやスパイスなどで和えたもの）。下中央右／そば粉とじゃがいものパンケーキ。ヤクのバターと分葱のアチャール添え。下右／パコラ（天ぷら）とミントのアチャール。

オーガニックの調味料や茶葉も手に入る

ザ ファーマーズマーケット アット ル シェルパ
The Farmer's Market at Le Sherpa
カトマンドゥ / マハラジガンジ地区
Maharajgunj, Katmandu ☎ 01-4428604 (Le Sherpa)
lesherpa.com.np/farmer-s-market

毎週土曜日の午前中に開催されています。静かな裏通りにあるレストラン「Le Sherpa」の広々とした中庭に、フランスパン、チーズ、アチャール、ネパール系ミャンマー人のミャンマー料理屋台などさまざまな出店が並びます。

上／多くの人でにぎわう。下左／ヨーロッパスタイルのナチュラルチーズ。下右／アチャールのブランド「ĀMĀKO（アマコ）」の試食。

ヤクチーズのサンドイッチとカフェラテが美味

プンパニッケル ベーカリー（閉店）
Pumpernickel Bakery
カトマンドゥ / タメル地区
Paryatan Marg, Kathmandu
☎ 01-4259185

こちらは新しい店ではありませんが、欧米人にも人気のパンがおいしいカフェです。昼過ぎに店の奥の中庭で食べるサンドイッチとカフェラテは至福です。コーヒーが安く、フリー Wi-Fi もあって暇つぶしにも便利。

上／ヤクの乳でつくるハードチーズをトマトなどとともに全粒粉入りのソフトなパンにはさんだサンドイッチ。下／明るくてきれいな店内。店の奥には中庭が。

旅に役立つおまけ情報！

便利なスーパーマーケット

ショップ ライト スーパーマーケット（閉店）
Shop Right Supermarket
カトマンドゥ／タメル地区
Chaksibari Marg, Kathmandu

タメル地区の中心部にあります。だいたいのものがそろうので、パッキングし忘れた日用品などの補充に便利。ヒマラヤのピンクソルトやブラックソルト、ドライフルーツ、ビールやラム酒などネパール土産の購入にも。

ネワール様式のクラシック建築を楽しむホテル

カンティプール テンプルハウス
Kantipur Temple House
カトマンドゥ / タメル地区
Chhusya Galli Jyatha, Kathmandu ☎ 01-5904129
kantipurtemplehouse.com

タメル地区の静かな裏通りにあります。もとは僧院。宿泊費は時期によって変動しますが、約50US$～。カトマンドゥの最高級ホテル「ドゥワリカ」には及びませんが、手頃な価格で宿泊できるわりにはサービスがゆきとどいています。

食のネパール語辞典

ネパール語には日本語にはない発音が多く、なにより多民族国家であるため、1つの文字に対する発音が民族ごとに微妙に異なるので、とてもカタカナでは表しにくいです。下記のカタカナの読み仮字はどうやったらネパールの人に通じるかを考えて書きました。が、出来れば英字の読み仮名の発音をしてもらったほうが伝わりやすいと思います。

なお、青菜は下記のもの以外にもたくさんありますが、代表的なものだけを記載しています。そして、豆類に関してですが、いんげん豆を意味するシミには色々な種類がありますが、総称であるシミのみを載せています。

日本語名 / ネパール語 / 読み仮名（英字）/ 読み仮名（カタカナ）　　例）野菜 / तरकारी / tarkari / タルカリ

▼野菜

イラクサ / सिस्नु / sisnu / シスヌ

いんげん豆 / सिमी / simi / シミ

オクラ / रामतोरिया / ramtoriya / ラムトリヤ

蕪 / सलगम / salgam / サルガム

南瓜 / फरसी / pharsi / ファルシ

からす瓜 / परवर / parwar / パルワル

カリフラワー / काउली / kauli / カウリ

きのこ / च्याउ / chyau / チャウ

キャベツ / बन्दा, बन्दकोपी / banda, bhandakopi / バンダ、バンダコピ

きゅうり / काँक्रो / kakro / カックロ

香菜 / धनिया / dhaniya / ダニヤ

ゴーヤ / करेला / karela / カレラ

こごみ / निउरो / niuro, niguro / ニウロ、ニグロ

さつまいも / सखरखण्ड / sakharkhand / サッカルカンド

里いも類 / पिँडालु / pidhalu / ピラル

里いも類の茎 / कर्कलो / karkalo / カルカロ

じゃがいも / आलु / aluu / アルー

ジャックフルーツ / कटहर / katahar / カタハル

ショウガ / अदुवा / aduwa / アドゥワ

大根 / मूला / mula / ムラ

筍 / तामा / tama / タマ

玉ネギ / प्याज / pyaj / ピャーズ

タマリロ / रुख टमाटर / rukh tamatar / ルゥク トォマトル

タマリンド / इमली / imli / イムリ

チャンチンモドキ / लप्सी / lapsi / ラプシ

唐辛子 / खुर्सानी / khursani(khorsani) / クルサニ(コルサニ)

冬瓜 / कुभिन्डो / kubhindo / クビンド

とうもろこし / मकै / makai / マカイ

トマト / गोलभेंडा / golbheda / ゴルベラ

茄子 / भन्टा / bhanta / ビャンタ

南蛮からす瓜 / बरेला / barela / バレラ

人参 / गाजर / gajar / ガジャル

バナナの蕾 / केराको फूल (बुङ्गो) / keraa ko phul (bungo) / ケラ コ フル（ブンゴ）

パパイヤ / मेवा / mewa / メワ

はやと瓜 / इस्कुस / iskus / イスクス

フイリソシンカ / कोइरालो / koiralo / コイラロ

へちま類 / घिरौंला / ghiraula / ギロウラ

へび瓜 / चिचिन्डो / chichindo / チチンド

ミント / बाबरी (पुदिना) / babari (pudina) / ババリ（プディナ）

山芋類 / तरुल / tarul / タルール

夕顔 / लौका / lauka / ロウカ

レモン / कागती / kagati / カーガティ

▼青菜、ハーブ

あぶら菜 / तोरीको साग / tori ko saag / トリ コ サーグ

ガーデンクレス / चम्सुर / chamsur / チャムスル

蕪の葉 / सलगमको साग / salgam ko saag / サルガム コ サーグ

南瓜の蔓 / फर्सीको मुन्टा / pharsi ko munta / ファルシ コ ムンタ

大根菜 / मूलाको साग / mula ko saag / ムラ コ サーグ

高菜 / रायोको साग / rayo ko saag / ラヨ コ サーグ

チンゲン菜 / बक चोय / bok choy / ボクチョイ

ディル / सुँपको साग, सोयाको साग / sup ko saag, soya ko saag / スープ コ サーグ、ソヤ コ サーグ

ネギ / हरियो प्याज / hariyo pyaj / ハリヨ ピャーズ

葉ニンニク / हरियो लसुन / hariyo lasun / ハリヨ ラスン

フェヌグリークの葉 / मेथीको साग / methi ko saag / メティ コ サーグ

ほうれん草 / पालुङ्गो / palungo / パルンゴ

▼豆類

いんげん豆 / सिमी / simi / シミ

ウラドダル / मासको दाल / mas ko dal / マス コ ダル

皮付きムング豆 / हरियो मुंग / hariyo mung / ハリヨ ムング

グリーンピース / केराउ / kerau / ケラウ

黒目豆 / बोडी / bodi / ボリ

大豆 / भटमास / bhatmas / バトマス

トゥールダル / रहरको दाल / rahar ko dal / ラハル コ ダル
ピーナッツ / बदाम / badam / バダム
ひよこ豆 / चना / chana / チャナ
ブラウンチャナ / कालो चना / kalo chana / カーロ チャナ
ベジミート / मस्यौरा / masyaura / マショウラ
マスールダル / मुसुरोको दाल / musuro ko dal / ムスロ コ ダル
ムングダル / मुंग दाल / mung dal / ムング ダル

▼肉
猪 / बँदेल, बनेल / badel, banel / バデル、バネル
鴨 / हाँस / haas / ハース
水牛（牡） / राँगो / raago / ランゴ　水牛（牝） / भैंसी / bhaisi / バインシ
※食材名としては英語のbuffalo由来のbuffという語を総称として使うことが多い。
鶏 / कुखुरा / kukhura / ククラ
豚（黒豚、猪と豚の交配種） /
　बंगुर, बुंगुर / bangur, bungur / バングル、ブングル
豚（白豚、家畜の豚） / सुँगुर / sungur / スングル
山羊（雄） / बोका / boka / ボカ
山羊（去勢した山羊） / खसी / khashi / カシ
山羊（総称） / बाख्रा / bakhra / バクラ

▼スパイス、調味料、香味野菜
アジョワン / ज्वानो / jwano / ジュワノ
カルダモン / सुकुमेल / sukumel / スクメル
クミン / जीरा / jeera / ジラ
クローブ / ल्वाङ / luwang / ルワン
黒コショウ / मरिच / marich / マリッチ
ゴマ / तिल / til / ティル
コリアンダー / धनिया / dhaniya / ダニヤ
山椒（ネパール山椒） / टिमुर, टिम्मुर / timur, timmur / ティムル、ティンムル
塩 / नून / nun / ヌン
シナモン / दालचिनी / dalchini / ダルチニ
シナモンリーフ / तेजपात / tej pat / テジ パット
ショウガ / अदुवा / aduwa / アドゥワ
ジンブー / जिम्बु / jimbu / ジンブー
スパイス / मसला / masala / マサラ
ターメリック / बेसार / besar / ベサル
唐辛子 / खुर्सानी / khursani (khorsani) / クルサニ（コルサニ）
ナツメグ / जाइफल / jaiphal / ジャイファル
ニンニク / लसुन / lasun / ラスン
ヒング / हिंग / hing / ヒング
フェヌグリーク / मेथी / methi / メティ
フェンネル / सुँप / sup / スープ
ブラウンカルダモン / अलैंची / alaichi / アライチ
ブラウンマスタード / तोरी / tori / トリ

▼調理用語

こちらは調理用語のネパール語です。
ネパールの人に料理のつくり方を聞くときなどに使ってみてください。

揚げた / तारेको / tareko / タレコ
揚げる / तार्ने / tarne / タルネ
味見する / चाख्ने / chakhne / チャクネ
温めた / तताएको / tataeko / タタエコ
温める / तताउने / tataune / タタウネ
焙った / सेकाएको / sekaeko / セカエコ
焙る / सेकाउने / sekaune / セカウネ
洗う（食器を） / माझ्ने, धुने / majhne, dhune / マズネ、ドゥネ
洗う（食材を） / पखाल्ने / pakhalne / パカルネ
炒めた / भुटेको / bhuteko / ブテコ
炒める / भुट्ने / bhutne / ブトゥネ
入れる / राख्ने , हाल्ने / rakune, halne / ラクネ、ハルネ
乾いた / सुकेको / sukeko / スケコ
切る（包丁で） / काट्ने / katne / カトゥネ
きれいに取る / सोहोर्ने / sohorne / ソホルネ
加える / थप्ने / thapne / タプネ
冷ました / चिस्याएको / chisyaeko / チシャエコ
冷ます / चिस्याउने / chisyaune / チシャウネ
浸水した / भिजाएको / bhijaeko / ビジャエコ
浸水する / भिजाउने / bhijaune / ビジャウネ
すりつぶした、パウダー状にした / पिसेको / piseko / ピセコ
すりつぶす、パウダー状にする / पिस्ने / pisne / ピスネ
つくる / बनाउने / banaune / バナウネ
できた、完成した / पाकेको, बनेको / pakeko, baneko / パケコ、バネコ
煮た / पकाएको / pakaeko / パカエコ
煮る / पकाउने / pakaune / パカウネ
拭く / पुछ्ने / puchne / プツネ
フタをする / छोप्ने / chopne / チョプネ
干した / सुकाएको / sukaeko / スカエコ
干す / सुकाउने / sukaune / スカウネ
混ぜる（ヘラで鍋の中を） / चलाउने / chalaune / チャラウネ
ミックスする、混ぜる / मिसाउने / misaune / ミサウネ
ミックスした、混ぜた / मिसाएको / misaeko / ミサエコ
蒸した / बफाएको / baphaeko / バファエコ
蒸す / बफाउने / baphaune / バファウネ
もむ、もみながら混ぜる / मोल्ने / molne / モルネ
焼いた / पोलेको / poleko / ポレコ
焼く / पोल्ने / polne / ポルネ
ゆでた / उसिनेको / usineko / ウシネコ
沸かした / उमालेको / umaleko / ウマレコ
沸かす / उमाल्ने / umalne / ウマルネ

ネパールの食文化についてのあれこれ

ハレの日の食事

ネパールにはたくさんの民族がいて、それぞれの民族がそれぞれの言語と文化を持っています。民族によって宗教や暦も異なり、当然、食文化もいろいろ。冠婚葬祭や宗教行事、季節の行事などで食べるハレ日の食事については、いくつかの民族に共通なものもあれば、民族ごとに異なるものもあり、まさに千差万別。

例えばネパール人の約 8 割が信仰するヒンドゥー教の最大の祭り「ダサイン/दसैं/dasain」では、多くのネパール人が山羊のカレーを食べます。しかし、新年の暦と行事食は民族によってちがいます。ネパールの公式の暦では 4 月が新年なのですが、カトマンドゥ近辺に住むネワール族の新年は 10 ～ 11 月。別名“光の祭り”とも呼ばれる、女神ラクシュミーを祀る「ティハール /तिहार/tihar」という祭りの期間の第 4 日目がネワール族の元日です。その際にはネワール族の供物の定番である果物や、ネワールの食文化には欠かせない水牛の料理を何種類も食べます。東部に住むライ族やリンブー族はネパールでは珍しく豚肉食の文化があり、新年である 1 月中旬には黒豚を解体してご馳走をつくります。大きな河川のある南部に住むタルー族の新年は11月末から12月にかけてで、もち米に魚のカレーを添えた料理を食べます。こうしたハレの日の料理は「宴会」を意味する「ボーズ /भोज/bhoj」という言葉で呼ばれます。

このように民族ごとにさまざまなボーズがあるため、ネパール全体となるとかなり膨大で、すべてはとても追いきれません。それどころか、あるひとつの民族の食文化を知りたいと思ったら、それだけでもかなりの年月が必要になります。しかしながら、近年はそうした食文化の伝統が薄れつつあります。自分の民族の食文化を一通り知っているのはだいたい40代以上の人たちで、若者になると全国共通語であるネパール語しか話せず、自分の民族の言語を使えない人も増えてきています。結婚式の食事も、伝統的なスタイルでは各自の皿に料理を盛り付けて提供するのですが、首都カトマンドゥなどではビュッフェスタイルが多く取り入れられるようになっています。そうしたビュッフェでは料理自体もポテトフライやスパイス入りのフライドチキンなど、“コンチネンタル”と呼ばれる欧米風のメニューが主です。

そんなわけで、いま、多くの食文化が急速に失われつつあり、調べるのが難しくなってきています。僕が 10 年以上研究し続けてきたネワールの食文化においては、そうした風潮への危機感から、伝統的な料理に注目が集まるようになり、ネワール料理のカジャ屋以外の店、たとえば道端の屋台などでも「チョエラ」(P.103)、「チャタモリ」(P.108)、「ウォー」(P.108)、「ヨーモリ」(米粉生地で黒糖を包んで蒸す菓子)などの伝統料理を出すようになりました。心配なのは地方の民族の食文化。そこで目下、ネパールに滞在する際には必ず地方にも足を運び、最近では前述のライ族、リンブー族、タルー族などの料理を掘り下げています。このようにさまざまな民族から成る多彩なネパールの食文化を、僕はこれからももっともっと知っていきたいと思っています。

ネワール族の結婚式の食事

ネパールには冠婚葬祭の行事食を専門とする出張料理人がいます。いわばご馳走専門の職人です。彼らがつくる料理には、レストランの厨房でも、ホームステイ先の台所でもお目にかかれません。そこで、自分が結婚するときにはネパールでも式を挙げて結婚式の料理を食べてみたいと思っていました。

その機会が訪れて、カトマンドゥで式を挙げたのが 2019年11月。式の手配は友人でビジネスパートナーでもある「ムスタンタカリチューロ」(P.120)の店主、ミランさんが取り仕切ってくれました。

式はヒンドゥー教の寺院で挙げました。その寺院は広場の中央に小さな礼拝所があるというつくり。礼拝所の周りの地面に各々勝手に儀式用の祭壇をつくって式を挙げるのがネパールの結婚式スタイルです。祭壇は民族ごとに様式がちがい、同じ民族の聖職者が呼ばれて式を執り行います。

ネワール族の聖職者が寺院の地面に儀式のための祭壇をつくっていく。

終わると、まずは昼のボーズです。皿は沙羅樹の葉でつくった伝統的なもの。あらたまった食事のときは、この皿を使うことが多いです。皿にはブジャ(ポン菓子に似た甘くないパフ状の米)が盛られ、その上にカジャをいくつものせます。食べている途中に焼きたてのウォーが配られて、お皿の上にどんと置いてくれました。すべての料理はネパール式にお代わり自由。ネワールのカジャらしく辛みがしっかりときいた料理も多く、お酒が進みます。

左 / 昼のボース。右上 / 沙羅樹の葉は市場などで売られている。右下 / 食べている途中で焼きたてのウォーが配られる。

そして、数時間後には夜のボーズが供されました。皿は昼のボーズよりもふた回りほど大きい平皿タイプ。もちろん沙羅樹の葉でつくられたものです。まず、チウラ（P.9）という干し米が盛られ、そのまわりにタルカリやアチャール、肉のカレーがのります。ジョールタイプのタルカリも２種ついたところで食べ始めました。ここまでは通常のカジャでも食べる料理がほとんど。ただ、さすがはご馳走だけあって、種類はかなり多かったです。半分ほど食べ進めた頃に追加の料理が運ばれ、各自の皿に盛られます。この日、追加で運ばれてきたのは３品。発芽させたフェヌグリークシードのタルカリである「mi kuwa/ミークヮ」、水牛の内臓いろいろを揚げた「bhutuwa/ブトゥワ」、水牛の肺に小麦粉と卵などを混ぜた生地を詰めてゆで、スライスして揚げた「phokso/フォクソ」で、初めて食べる料理もありました。お祝いのときにしか食べない水牛の料理があるという点からも、ネワールの食文化にとって水牛がどれだけ大切な食材とされているかが感じられます。

〆はもちろんデザート。小さな丸いドーナツをシロップに漬けた、ものすごーく甘い「lalmohan/ラルモン」というお菓子や、カトマンドゥから車で40分ほどのバクタプルというネワール族の町の名産品である、濃厚で甘いヨーグルト「juju dhau/ジュジュドウ」（P.110）や、お供え物のりんごなどの果物が配られておしまい。昼から夜までひたすらご馳走を食べ続けた一日でした。

左／夜のボーズ。すべての品を少しずつ取り分けて神様に供えてから（写真右上）、食べる。上左／フォクソはかりっときつね色に揚げる。上右／バクタプルで一番おいしいという店のジュジュドウ。右下／ミークヮ。発芽させたフェヌグリークシードは苦味を抜くために６回ゆでこぼしてから調理するが、それでもかなり苦い。消化によいとされる。

ネワールのカジャ

僕はネパール料理の中でも、特にカトマンドゥ周辺のネワール民族の食文化が大好きです。ネワール料理は水牛やブテコトリコテール（P.9）という独特のマスタードオイルをよく使います。どぶろくや強い蒸留酒などのアルコールをよく飲み、居酒屋文化が根付いているのも特徴。また、カジャのバリエーションが豊富な点もほかの民族とは大きく異なる特色です。カトマンドゥにはネワール料理のカジャを食べさせる店がたくさんあり、営業時間はだいたい14時から20時くらい。15時や16時くらいに行くと、ビールや地酒のコップを片手にカジャを楽しんでいるネワールの人々の姿を見ることができます。そうしたカジャ屋に行く機会があれば、ぜひとも食べてみてほしいのが水牛のホルモン料理。店にもよりますが、さまざまな部位の料理があります。僕が育った兵庫県の長田ではホルモンはとても身近な食材で、僕がネワール料理にどこか懐かしさを感じるのはそういう理由もあるのかもしれません。

▼こちらは水牛のホルモンのネワール語。
注文するときにお役立てください。

脊髄：tisho／ティショ
脳みそ：nhyapu／ニャプ
肺：swan／スワン
（ネパール語では phokso／フォクソ）
肝臓：shen／シン
（ネパール語では kalejo／カレジョ）
第一胃（ミノ）：khago, go／カゴ、ゴー
大腸：jhuku／ズク
（ネパール語では thulo andra／トゥロ アンドラ）
小腸：guli／グリ
（ネパール語では sano andra／サノ アンドラ）
心臓：nugashen／ヌガシン
（ネパール語では mutu／ムトゥ）

ちなみに、肉料理名の語尾には肉を意味する「la/ラ（ネパール語では masu/マス）」が付きます。一番のおすすめは「choila/チョエラ」です。水牛の塊肉の煮もの「dhyakula/デャクラ」も、もしもあればぜひ食べていただきたいです。肉料理以外のカジャなら、「wo/ウォー」や「chatamari/チャタマリ」、「alu tama/アルタマ」（P.41）という発酵タケノコが入ったスープなんかもおススメです。

左／水牛のカレーはカトマンドゥではダルバートの定番のノンベジメニュー。右／デャクラの煮汁に魚の煮汁を混ぜて煮こごりにした「sanya khuna/サンニャクナ」

これらのカジャはカトマンドゥ、パタン、バクタプルという、かつてネワールの王国の都があった３つの都市のカジャ屋で食べられます。ここに書いた名称はパタン周辺の発音で、都市によって微妙に発音が違ったりもします。店ごとに味つけやスパイスづかいもちょっとずつ異なるので、色々と食べ歩きしてみると面白いと思います。

ネパール食文化の行方

10年以上ネパールの食文化を観察し続けてきましたが、急速に近代化が進んでいる近年、食にまつわる状況も目まぐるしく変化しつつあります。たとえば、東部で有名な「bhakka/バッカ」という深皿に米粉を詰めて蒸すおやつが、都市部では洗練された形になって流行っていたり、チーズやチョコレート入りのモモのように欧米とネパールの食文化を融合した料理が見られ始めたりしています。

そうかと思えば、カトマンドゥやポカラなどの都市部では、自分たちの民族の食文化を大切にしようとする活動も盛んに行われるようになってきました。

そんなわけで、この本に書いたことも数年後には当たり前ではなくなっているかもしれません。そうなってしまう前に、昔ながらの食文化についての知識をさらに深めていきたいし、新たに発展していくネパールの食文化にもフォーカスしていきたい。そして、いつかはネパールの食文化の発展に寄与できるようになれたら最高だなと思っています。

本田 遼　ほんだ りょう

1983年、兵庫県神戸市生まれ。和食の料理人を経て、神戸のネパール料理店「ククリ」へ。その後、タイの旅行会社の大阪支社に約2年勤務して旅行手配の基礎を学び、ネパールの旅行会社の日本支社立ち上げに携わる。2015年には大阪にダルバート専門のネパール料理店「ダルバート食堂」を開き、繊細な味覚とネパール食文化への造詣の深さを生かした渾身のダルバートでネパール料理の魅力を伝える。2018年にスパイスとスパイスカレーの店「スパイス堂」をオープン。2020年には東京にネパールの食文化をコース料理でモダンに表現するレストラン「OLD NEPAL」を、翌年にスパイスのセレクトショップ「sunya」を開店。初めてネパールに行って以来15年以上、年に数ヶ月間はネパールに滞在して現地の食文化を学び、ネパール料理のおいしさを日本に広め続けている。今後の目標はネパールでレストランを開き、ひいてはネパールの食文化の発展に貢献していくこと。

ダルバート食堂
閉店

スパイス堂
閉店

ネパール料理レストラン OLD NEPAL TOKYO
東京都世田谷区豪徳寺1丁目42-11
03-6413-6618
instagram.com/oldnepal_tokyo

スパイスショップ sunya（スンニャ）
OLDNEPAL 同ビル2階
instagram.com/sunya_tokyo

sunya online shop
http://sunya-spice.com

ダルバートとネパール料理
- ネパールカレーのテクニックとレシピ、食文化 -

初版発行　2020年7月10日
4版発行　2023年7月10日

著者 ©　本田 遼

発行者　丸山兼一
発行所　株式会社 柴田書店
東京都文京区湯島3-26-9　イヤサカビル　〒113-8477
電話　営業部　03-5816-8282（注文・問合せ）
書籍編集部　03-5816-8260
URL　https://www.shibatashoten.co.jp/

印刷・製本　シナノ書籍印刷株式会社

ISBN 978-4-388-06326-0
Printed in Japan

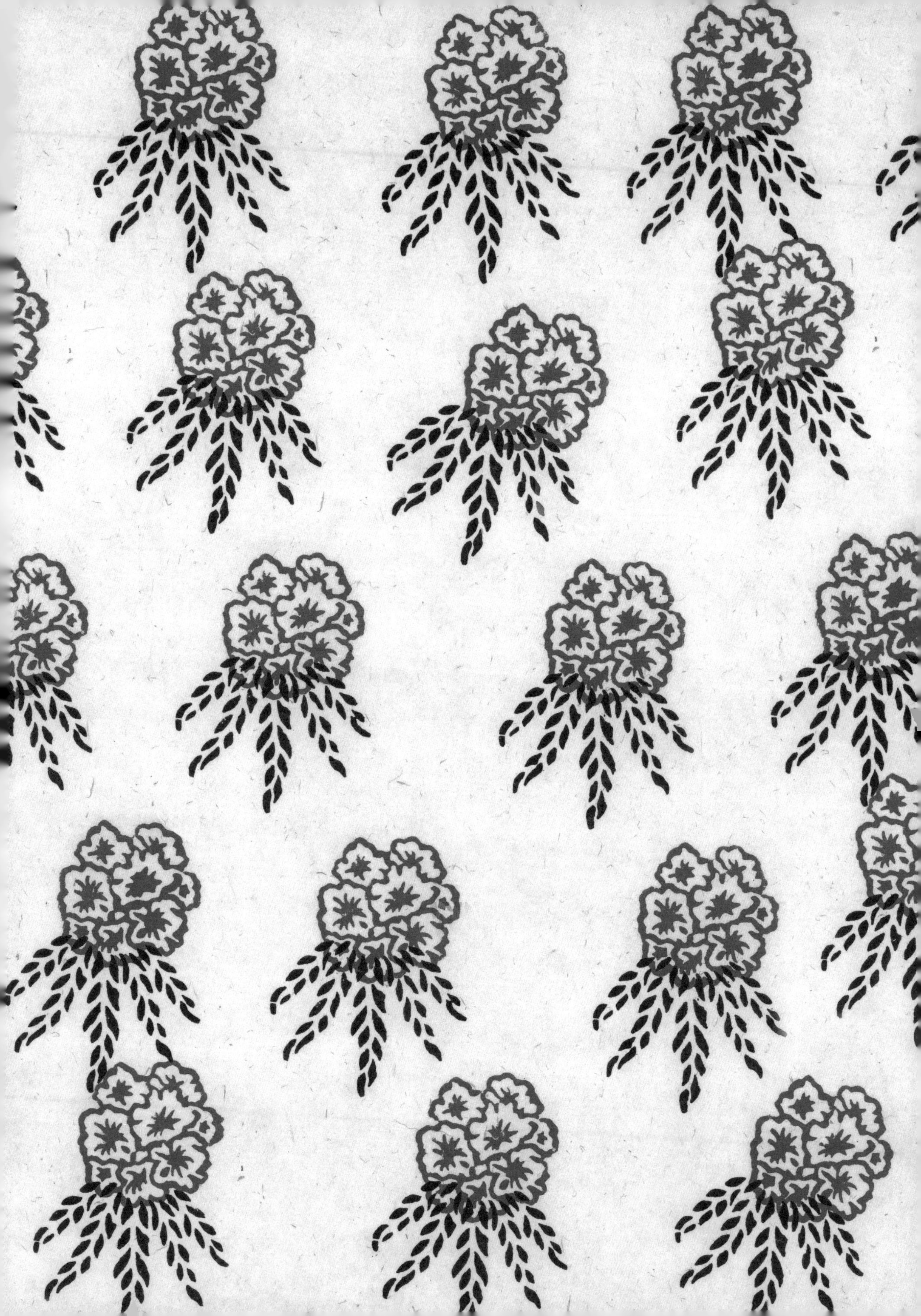